P. CAULET, AVOCAT

DOCTEUR EN DROIT

MAI 1900

L'AVOCAT DU CLERGÉ

I. — RAPPORTS DE L'ÉGLISE ET DE L'ÉTAT. — II. LES MINISTRES DU CULTE. — III. CIRCONSCRIPTIONS ET LIEUX D'EXERCICE DU CULTE. — IV. LE PRESBYTÈRE. — V. ÉTABLISSEMENTS PUBLICS ECCLÉSIASTIQUES. — VI. LIBÉRALITÉS AUX ÉTABLISSEMENTS ECCLÉSIASTIQUES. — VII. INHUMATIONS ET POMPES FUNÈBRES. — VIII. ENSEIGNEMENT LIBRE ET PATRONAGES.

SUPPLÉMENT

À L'ÉDITION PUBLIÉE EN **Février 1897**

PARIS

P. LETHIELLEUX, LIBRAIRE-ÉDITEUR

10, RUE CASSETTE, 10

L'AVOCAT DU CLERGÉ

SUPPLÉMENT

À L'ÉDITION PUBLIÉE EN *Février 1897*

P. CAULET, AVOCAT

DOCTEUR EN DROIT

L'AVOCAT DU CLERGÉ

I. RAPPORTS DE L'ÉGLISE ET DE L'ÉTAT. — II. LES MINISTRES DU CULTE. — III. CIRCONSCRIPTIONS ET LIEUX D'EXERCICE DU CULTE. — IV. LE PRESBYTÈRE. — V. ÉTABLISSEMENTS PUBLICS ECCLÉSIASTIQUES. — VI. LIBÉRALITÉS AUX ÉTABLISSEMENTS ECCLÉSIASTIQUES. — VII. INHUMATIONS ET POMPES FUNÈBRES. — VIII. ENSEIGNEMENT LIBRE ET PATRONAGES.

SUPPLÉMENT

A L'ÉDITION PUBLIÉE EN **Février 1897**.

PARIS

P. LETHIELLEUX, LIBRAIRE-ÉDITEUR

10, RUE CASSETTE, 10

LIVRE PREMIER

RAPPORTS DE L'ÉGLISE ET DE L'ÉTAT

Addition à la page 68.

LES CÉRÉMONIES EXTÉRIEURES DU CULTE, DANS LES VIL-
LES OU IL Y A DES TEMPLES DESTINÉS AUX DIFFÉRENTS
CULTES.

Nous savons que l'art. 45 de la loi organique du 18
germinal an X *défend les cérémonies religieuses hors
des édifices consacrés au culte catholique dans les
villes où il y a des temples destinés aux différents
cultes.* Cette disposition s'applique dans toutes les villes
où il existe soit un consistoire, soit une paroisse protes-
tante ou israélite.

Le Conseil d'État et la Cour de cassation admettaient,
comme nous l'avons vu dans le corps de l'ouvrage, p. 68,
que l'art. 45 de la loi de germinal an X ne recevait pas
d'application dans les localités où il n'existait qu'un tem-
ple sans pasteur, sans conseil presbytéral, sans administration propre. Ce lieu d'exercice du culte protestant
était considéré comme une chapelle ou un oratoire « qui,
d'après une *tradition administrative constante* et suivant le décret du 29 mars 1859 (1), sont complètement
distincts des temples (2) ».

(1) Décret concernant les autorisations demandées : 1° pour l'ouverture de nouveaux temples (chapelles ou oratoires) destinés à
l'exercice public des cultes protestants organisés par la loi du 18 germinal an X ; 2° pour l'exercice public des cultes non reconnus par
l'État.

(2) Cassation, arrêt du 26 mars 1882.

Depuis l'année 1894, le Conseil d'État a modifié sur ce point sa jurisprudence antérieure. Il considère actuellement (1) que l'art. 45 interdit les cérémonies extérieures du culte, dans toutes les villes où il existe un *lieu du culte, non catholique*, même s'il ne s'agit pas d'un *consistoire ou d'une paroisse*.

Addition à la page 71.

INTERDICTION D'UNE PROCESSION FONDÉE SUR LA LOI DE GERMINAL AN X ET NON SUR L'ART. 476 § 15 DU CODE PÉNAL.

Une jurisprudence constante admet la légalité de l'arrêté par lequel le *maire* d'une commune quelconque interdit les processions, en se basant sur l'art. 97 de la loi du 5 avril 1884, qui lui confie le soin de réprimer tous actes de nature à compromettre la tranquillité publique. Les maires peuvent donc, en vertu de cet article, prendre des arrêtés interdisant les manifestations extérieures du culte dans l'intérêt de la sûreté et de la commodité du passage dans les rues, quais, places et voies publiques, et pour réprimer les atteintes à la tranquillité publique. Le droit de prendre un arrêté semblable est reconnu au *préfet* dans les termes de l'art. 99 de la même loi.

Lorsque l'interdiction résulte d'un arrêté du préfet ou du maire, elle est sanctionnée par l'art. 471-15° du Code pénal, qui frappe d'une amende de 1 à 5 francs « ceux qui auront contrevenu aux règlements légalement faits par l'autorité administrative ». *En revanche, si la prohibition ne résulte que de l'art. 45 de la loi du 18 germinal an X*, qui interdit les cérémonies religieuses hors des édifices consacrés au culte catholique, dans les villes

____

(1) Décrets en Conseil d'État des 3 mars 1894, 13 août 1895, 6 février 1896 (Dalloz, 1898, 3, 12).

où il y a des temples consacrés à différents cultes, *on peut passer outre, sans s'exposer à aucune peine.*

En effet, cette loi de germinal an X ne prononce pas de peine pour infraction aux dispositions qu'elle renferme. En outre, ni cette loi, ni aucun autre texte, ne délègue au pouvoir exécutif le droit d'assurer par une sanction pénale l'exécution des prescriptions de cet article 45.

La Cour de cassation l'a décidé ainsi, par arrêt du 6 mai 1899 (1) rendu sur la plaidoirie de M. de Ramel.

Malheureusement, les maires ou les préfets qui voudront, par passion antireligieuse, interdire les cérémonies extérieures du culte, pourront toujours invoquer, dans les considérants de leurs arrêtés, l'art. 97 de la loi de 1884 muni de la sanction de l'art. 471 § 15 du Code pénal. S'ils ne l'ont pas fait, mais s'ils ont simplement invoqué la loi de germinal an X dans leur arrêté, lés membres du clergé visés par cet arrêté peuvent n'en tenir aucun compte.

Addition à la page 74.

LES PROCESSIONS (CONDITIONS REQUISES POUR QU'IL Y AIT UNE PROCESSION).

Nous avons défini la procession : une marche religieuse, avec chants et prières, présidée par un prêtre revêtu d'ornements sacerdotaux, précédé de la croix, et accompagné de suisses, bedeaux et enfants de chœur. La procession est réglée par les lois canoniques, des prières particulières lui sont assignées par la liturgie.

Cette définition est celle des processions dans le sens religieux du mot (2). Il semble donc que, dans le cas où un arrêté municipal interdit les « *processions religieu-*

----

(1) Voir la Revue *l'Avocat du Clergé*, 1899, p. 129.
(2) Mgr Affre, *Traité de l'Administration des paroisses,* 11ᵉ édition, p. 271.

ses » les tribunaux n'aient pas le droit de donner de la procession religieuse une définition plus ou moins arbitraire ; mais qu'ils soient tenus, pour apprécier s'il y a ou non violation de l'arrêté du maire, de s'en référer aux caractères considérés par les lois canoniques comme constitutifs des processions.

Il n'en est, cependant, pas ainsi dans la pratique. Jusqu'à présent, la jurisprudence judiciaire n'a pas eu sur ce point de doctrine fixe. La Cour de cassation elle-même n'a pas encore donné une définition précise des processions.

Par un arrêt du 20 janvier 1888, la Cour suprême semblait regarder comme éléments essentiels d'une procession l'*exhibition d'objets servant au culte*, les *chants et les cantiques* et le *port d'habits sacerdotaux*.

En 1897 (arrêt du 12 février) (1), la Cour de cassation n'a plus considéré comme conditions nécessaires d'une procession *les chants, les prières, le port de la croix* et les *vêtements sacerdotaux* ; car tous ces éléments faisaient défaut dans l'espèce. Il y avait eu simplement un cortège formé suivant certaines dispositions arrêtées d'avance, une marche solennelle et le déploiement par plusieurs groupes composant le cortège, de bannières portant des inscriptions ou emblèmes religieux. « Attendu, dit cet arrêt qu'en déduisant de ces faits... que le cortège... constituait une procession interdite..., le juge de police n'a ni méconnu *le sens juridique du mot procession*, ni violé aucune disposition légale.

Ainsi, à côté du sens liturgique, il y aurait un *sens juridique* au mot procession. S'il en est ainsi, il serait utile que la Cour de cassation donnât une définition précise et la donnât *ne varietur*. En tout cas, quelle raison la jurisprudence peut-elle avoir pour exiger certains caractères de la définition liturgique et en écarter d'autres. Si la jurisprudence ne se rattache pas au *critérium* im-

_____

(1) Revue *l'Avocat du Clergé*, 1898, p. 16.

muable du droit canonique, chaque tribunal donnera la
définition que bon lui semblera, sans se préoccuper nécessairement et uniquement de considérations de justice ;
le principe de la liberté du culte formulé dans l'art. 1er
du Concordat sera violé.

Sur un autre arrêt du 12 février 1897 (1) la Cour de
cassation a estimé qu'il n'y avait pas procession, lors·
qu'une *manifestation religieuse précédée d'un em-
blême de culte*, circulant avec un recueillement prémé-
dité, en *chantant des cantiques et des psaumes*, n'était
pas *dirigée par des membres du clergé*.

Plus récemment la Cour de cassation (arrêt du 1er décembre 1899) (2) a considéré qu'il n'y avait pas contravention à un arrêté municipal interdisant les processions dans un cas où un évêque « venu dans la commune
pour y donner la confirmation avait, après avoir procédé dans l'église à la cérémonie religieuse, *traversé la
voie publique pour se rendre de l'église au presbytère* qui en était séparé par une distance de dix mètres,
et qu'il *avait effectué ce trajet sur la voie publique
revêtu de ses habits sacerdotaux, précédé du suisse
en grande tenue et accompagné de prêtres et d'enfants porteurs d'oriflammes qui l'ont reconduit au
presbytère où il était descendu* lors de son arrivée dans
la commune », alors que le juge ne relevait à la charge
de l'inculpé ni *organisation et direction d'un cortège
préparé à l'avance, ni port d'emblèmes ayant un caractère religieux, ni chant sur la voie publique de
cantiques ou de psaumes, ni aucun fait caractéristi-
que de la procession* ou de toute autre cérémonie religieuse.

Il semble résulter de ces arrêts que la Cour suprême
regarde comme éléments fondamentaux d'une procession, un *cortège préparé à l'avance, marchant solen-*

<hr>

(1) Revue *l'Avocat du Clergé*, 1898, p. 11.
(2) *Gazette des Tribunaux*, 9 décembre 1899.

nellement et dirigé par le clergé. A ces conditions essentielles viendrait s'ajouter nécessairement l'une quelconque des autres conditions suivantes : des emblèmes religieux, croix, bannières, oriflammes, etc., ou des cantiques, psaumes et prières, ou des vêtements sacerdotaux portés par le clergé.

En admettant que cette théorie soit bien celle de la Cour de cassation, il est facile de voir combien elle est arbitraire.

Addition à la page 76.

PORT DU VIATIQUE ET MANIFESTATION EXTÉRIEURE REVÊTANT LE CARACTÈRE D'UNE PROCESSION

Par un arrêt du 12 janvier 1900, la Cour de cassation a décidé que le port du *viatique* est un acte extérieur du culte qui est toujours licite, mais qu'il n'en est pas de même de la procession organisée à l'occasion de cet acte dans les communes où les processions sont interdites sur la voie publique.

Par suite, lorsqu'un arrêté municipal interdit les processions religieuses dans une commune, c'est à tort que le juge de police relaxe les contrevenants, sous le prétexte qu'ils se sont bornés à porter le viatique, alors que le procès-verbal, dont l'exactitude n'est pas déniée, constate que le port du viatique s'est opéré dans une manifestation extérieure revêtant tous les caractères d'une procession (1).

Addition à la page 79.

PLANTATIONS ET ENLÈVEMENTS DE CROIX

Un certain nombre de croix sont élevées sur des terrains communaux avec le consentement des municipalités. Ordinairement ces croix ne deviennent pas la pro-

(1) *Gazette des Tribunaux* du 17 janvier 1900.

priété des communes, mais appartiennent, soit aux fabriques, soit aux curés quand ces derniers les ont fait planter au moyen de fonds recueillis par souscriptions des paroissiens et mis à leur disposition (1).

Mais la jurisprudence admet, comme nous l'avons vu dans le corps de l'ouvrage (p. 79), que l'autorité municipale a le droit de faire enlever la croix, lorsqu'elle est une occasion de désordre. L'exercice de ce droit peut donner lieu à des abus. Ainsi, un maire, après une délibération du Conseil municipal prescrivant l'enlèvement d'une croix, commet un acte illégal, engageant sa responsabilité personnelle, lorsque, non content d'enlever la croix, il brise le monument, met hors de service les pierres de taille du socle et va jusqu'à convertir le bois de la croix en bois à brûler pour l'usage de sa maison. Le curé, ou tout autre propriétaire de la croix peut l'actionner devant le tribunal de première instance et lui réclamer des dommages-intérêts par application de l'art. 1382 du Code civil.

Ce serait vainement que le maire prétendrait, pour repousser la compétence du tribunal civil, qu'il s'agit d'un acte de nature administrative dont la légalité et la compétence ne peuvent être appréciées que par les tribunaux administratifs. En effet, il ne faut pas confondre l'acte administratif lui-même avec les excès, irrégularités ou abus commis dans l'exécution de cet acte. Il y a une distinction nettement admise par la jurisprudence. Les abus constituent une faute personnelle, passible uniquement de la juridiction civile (2).

---

(1) Les souscripteurs font *donation* au curé du montant de leurs souscriptions. Le curé devient donc propriétaire des fonds sous la condition de les employer à l'érection de la croix. Par suite, la croix elle-même devient sa propriété sous la charge, bien entendu, d'exécuter la volonté des souscripteurs en la maintenant à l'endroit où elle a été édifiée.

(2) Voir sur ce point, dans la revue *l'Avocat du Clergé*, 1899, p. 133, deux jugements du tribunal de Châteauroux, des 13 décem-

Addition à la page 81.

ENTRAVES A L'EXERCICE DU CULTE.

L'article 260 du Code pénal punit d'une amende de 16 à 200 fr., et d'un emprisonnement de 6 jours à 2 mois tout particulier qui, par des *voies de fait* ou des *menaces*, contraint ou empêche une ou plusieurs personnes d'*exercer l'un des cultes autorisés*, d'assister à l'exercice de ce culte, d'observer certaines fêtes, etc.

Les voies de fait doivent-elles consister uniquement en violence physique? Telle n'a pas été l'intention du législateur. Cette expression voie de fait doit être entendue dans son sens le plus large; elle comprend non seulement la violence physique, mais aussi la *violence morale*. Un maire, un adjoint, des conseillers municipaux pénètrent dans l'église, en ferment les portes intérieurement, changent une serrure, en emportent la clef, rendent par ce moyen l'accès de l'église impossible au curé, malgré ses réclamations et ses efforts pour pénétrer dans le monument. Il y a là à la fois atteinte à la liberté religieuse du curé par voies de fait, atteinte à son autorité morale et atteinte à son droit de police dans l'église(1), ce qui lui permet, soit de porter plainte au procureur de la République pour que celui-ci intente l'action dans l'intérêt de la société, soit de citer directement les délinquants

bre 1898 et 17 mai 1899, le premier statuant sur la compétence et le second condamnant le maire qui avait détruit la croix à 1500 fr. de dommages et intérêts envers le curé.

(1) Voir dans la revue *l'Avocat du Clergé* 1898, p. 13, un jugement du tribunal correctionnel de Bagnères-de-Bigorre du 20 mars 1899, prononçant des condamnations de 25 à 100 fr. d'amende pour les faits que nous venons d'indiquer.

devant le tribunal de police correctionnelle en se constituant partie civile dans l'acte de citation (1).

(1) Une règle de notre droit criminel, assez draconienne envers
les particuliers lésés, en matière correctionnelle et de simple police,
impose à la partie civile le *paiement de tous les frais de poursuite
avancés par l'État*, sans distinguer si celle-ci a triomphé ou succom-
bé dans sa demande de dommages et intérêts. Mais les tribunaux,
quand la partie civile obtient gain de cause, peuvent indemniser
celle-ci en lui allouant non seulement les dommages et intérêts ré-
clamés, mais encore le remboursement, à la charge du prévenu, des
dépens exposés par elle; sinon les personnes peu aisées hésiteraient
toujours à se constituer partie civile.
Mais, même avec cette restriction, la règle est encore injuste, car
elle fait retomber l'insolvabilité du condamné sur la partie civile.

LIVRE DEUXIÈME

LES MINISTRES DU CULTE

Addition à la page 100.

INSAISISSABILITÉ DES TRAITEMENTS ECCLÉSIASTIQUES

Aux termes de l'arrêté du 18 nivôse an XI (8 janvier 1803), « *les traitements ecclésiastiques seront insaisissables dans leur totalité* ». Ils ont, en effet, à raison même de leur modicité, un caractère essentiellement alimentaire. Par suite aucune saisie-arrêt ne pourrait être pratiquée par un particulier au préjudice d'un ministre du culte, évêque, curé, desservant, vicaire, etc. (1). Si une saisie-arrêt était faite en violation de l'arrêté du 18 nivôse an XI, elle serait déclarée nulle et sans valeur par le tribunal civil appelé à se prononcer sur sa validité.

Addition à la page 137.

A QUI APPARTIENNENT LES CIERGES DE LA PREMIÈRE COMMUNION.

Dans les cérémonies autres que les enterrements et

(1) Les traitements des aumôniers des établissements publics sont également insaisissables. Ces aumôniers remplissent, en effet, dans l'établissement auquel ils sont attachés les mêmes fonctions que le desservant dans sa paroisse : ils sont révocables au gré des évêques. Voir jugement du tribunal de Périgueux du 16 avril 1896. *Revue adm. du culte cath.*, 1897, 219.

services funèbres, où des cierges sont offerts, nous avons fait observer que ces cierges appartiennent au curé, ou du moins au clergé.

Il doit en être ainsi des cierges présentés par les enfants le jour de la première communion.

Il existait, sur ce point, une intéressante décision du juge de paix de Saint-Jean Brévelay (Morbihan), du 16 juillet 1897. Ce juge de paix, en donnant gain de cause au curé avait fondé son jugement sur 2 raisons : 1º l'usage constant du pays, 2º la qualité de rémunération discrète reconnue à l'offre des cierges, pour l'instruction religieuse donnée aux enfants de la première communion par le clergé de la paroisse. Il aurait pu ajouter que cet usage était reconnu par une lettre ministérielle du 18 septembre 1853.

La question s'est, de nouveau, posée devant le juge de paix du canton de Marigny (Manche). Dans son audience du 7 septembre 1899, ce juge a déclaré que le droit du clergé aux cierges de la première communion s'appuyait sur l'usage public et reconnu par tous les parents, et sur une convention implicite intervenue entre ces derniers et le clergé.

Le 8 décembre 1899, le tribunal de Saint-Lô réforma cette décision sous prétexte : 1º que l'usage, si répandu soit-il, ne peut créer un mode d'acquisition de la propriété ; 2º que la remise de cierge, n'ayant été l'objet d'aucun règlement épiscopal approuvé par le Gouvernement, n'était qu'une oblation *volontaire*, qui pouvait être ou ne pas être faite (1).

Ces deux raisons n'ont aucune valeur. L'usage peut parfaitement créer un droit, car notre législation, même à l'heure actuelle, est loin d'être exclusivement écrite.

Le législateur le reconnaît lui-même en se référant aux usages locaux pour compléter un grand nombre

(1) Voir ce jugement dans *la Loi* du 3 février 1900.

d'articles du Code civil et des lois subséquentes (1).

Le droit du clergé n'est nullement subordonné ici à la rédaction d'un règlement, puisqu'il s'appuie sur un *usage*, et sur une convention tacite. Tout ce que l'on peut dire, c'est qu'un règlement épiscopal approuvé par le Gouvernement viendrait donner à cet usage la force et la certitude de la loi écrite (loi organique du 18 germinal an X, art. 69).

Nous considérons le jugement du tribunal de Saint-Lô comme une décision isolée, et nous engageons le clergé à continuer, comme par le passé, de revendiquer ses droits sur les cierges de première communion et autres cérémonies religieuses, lorsqu'il existe à cet égard un usage constant et connu de tous le paroissiens.

Addition à la page 143.

CONDITIONS D'ÉLECTORAT DES MINISTRES DU CULTE ET DES ÉLÈVES DES SÉMINAIRES.

Les ministres du culte astreints à la *résidence obligatoire*, échappent à la règle qui exige une habitation depuis six mois au moins pour avoir le domicile politique; ils sont électeurs du jour de leur installation. (Voir dans le corps de l'ouvrage, p. 143).

Cette règle s'applique aux ministres du culte attachés comme *professeurs à un petit séminaire ou autre établissement ecclésiastique ;* car ils sont, tout aussi bien que les prêtres qui desservent une paroisse, investis de fonctions comportant obligation de résider (2).

---

(1) Pour être valable, l'usage (ou coutume) doit s'appuyer sur des faits assez importants pour présenter un intérêt réel, assez notoires, assez répandus pour prévaloir en vertu d'une sorte de consentement général. Il doit en outre exister, soit en conformité de la loi, soit à la faveur de son silence. Destiné à *compléter* la loi et non à la *réformer*, il ne peut prévaloir contre elle.

(2) Arrêt de la Cour de cassation du 13 avril 1897. Revue *l'Avocat du Clergé*, 1898, p. 186.

Les *élèves d'un séminaire* ayant dans l'établissement une *résidence réelle et effective de six mois* remplissent sur ce point les conditions exigées par la loi et sont électeurs dans la commune où est situé le séminaire, s'ils ont atteint leur majorité au plus tard le 31 mars qui précède l'élection et pourvu qu'ils se soient fait inscrire en temps utile sur la liste électorale (1).

Addition à la page 163.

OPÉRATION CÉSARIENNE.

Pratiquée sur la mère après son décès, l'opération césarienne entraîne-t-elle une pénalité contre son auteur, si celui-ci n'est pas docteur en médecine? Sous l'empire de la loi du 19 ventôse an XI, ce fait pouvait constituer un cas d'exercice illégal de la chirurgie; mais il n'en est plus de même depuis la loi actuelle du 30 novembre 1892, qui ne punit que la *direction* suivie, *l'habitude*, le *traitement* des affections chirurgicales.

Nous avons vu, dans le corps de l'ouvrage, qu'on ne pouvait pas appliquer non plus l'art. 358 du Code pénal qui punit de 6 jours à 2 mois d'emprisonnement, et d'une amende de 16 à 50 francs, ceux qui font inhumer un individu décédé, sans l'autorisation préalable de l'officier de l'état civil.

La Cour de cassation admet que l'on ne peut pas davantage appliquer en pareil cas l'art. 360 du Code pénal, frappant d'un emprisonnement de 3 mois à un an et d'une amende de 16 à 200 fr. quiconque s'est rendu coupable de violation de tombeau ou de sépulture. L'opération césarienne n'implique par elle-même aucun outrage envers les restes mortels de la mère, surtout

(1) Arrêt indiqué dans la note précédente.

quand il n'a encore été procédé à aucun apprêt funéraire en vue de l'ensevelissement (1).

Addition à la page 164.

EXERCICE DE LA PHARMACIE

L'art. 36 de la loi du 21 germinal an XI sur la *pharmacie* punit tout débit au poids médicinal, toutes distri-
butions de drogues et préparations médicamenteuses
par un individu non muni de diplôme. Cet article s'applique à celui qui livre des médicaments *même gratuitement*.

Néanmoins, toute personne peut, d'après la jurisprudence, sans commettre de délit, délivrer des *remèdes simples*. L'interdiction ne s'applique donc qu'aux remèdes
composés que la Cour de cassation qualifie de *remèdes
officinaux*. Ainsi, par exemple, l'huile de ricin est un
remède simple, mais l'eau sédative et l'eau phéniquée
sont des remèdes composés ou officinaux.

La Cour de cassation considère que le délit existe, à
l'égard d'une personne non diplômée, même lorsque les
remèdes composés, *gratuitement distribués* par cette
personne, ont été *prescrits par ordonnance médicale*.

Cette théorie est exorbitante. Où donc est, dans ce cas,
l'exercice illégal de la pharmacie? Un médecin ordonne
un remède, un pharmacien le prépare, une tierce personne, prêtre, religieuse ou autre l'achète et le délivre
gratuitement. La raison nous dit que cette personne a

______

(1) Arrêt du 20 juin 1896, confirmant un arrêt de la Cour de
Riom. Cette dernière Cour avait acquitté un vicaire qui, appelé à
donner des secours religieux à une femme malade et dans un état de
grossesse avancée n'avait pu arriver qu'une heure après le décès
de cette femme et n'avait pas hésité à pratiquer sur le cadavre l'o-
pération césarienne espérant pouvoir administrer le baptême à l'enfant, s'il vivait encore. Voir la Revue *l'Avocat du Clergé*, 1898,
p. 16.

simplement accompli, en pareil cas, un acte de bienfaisance.

Une pareille jurisprudence n'est pas équitable; elle constitue une grave atteinte à la charité privée (1).

Addition à la page 238

DIFFAMATION D'UN PRÊTRE DANS SA VIE PUBLIQUE ET DANS SA VIE PRIVÉE

La diffamation et l'injure par la voie de la presse sont portées devant la *Cour d'assises*, lorsque la personne publique est attaquée *à raison de ses fonctions*. Lorsqu'elle n'est atteinte que dans sa *vie privée*, c'est le tribunal de *police correctionnelle* qui est compétent.

Il peut arriver que dans un article de ce journal ou une série d'articles, un prêtre soit diffamé ou injurié à la fois dans sa *vie publique* et dans sa *vie privée*. Il a alors le choix, quand chaque écrit pris isolément constitue un tout complet et se suffisant à lui-même, de porter l'action devant le *tribunal correctionnel*, *ou* devant la *Cour d'assises*, en la restreignant, dans le premier cas, aux *faits de vie privée* qui seuls sont de la compétence des tribunaux correctionnels.

Le prêtre a intérêt à agir ainsi. En effet, si la diffamation se réfère à la *vie privée, la loi n'autorise pas le prévenu à faire la preuve*, car la diffamation est punie, dans ce cas, indépendamment de la vérité ou de la fausseté des faits, ce qui n'existe pas quand la diffamation concerne les actes de l'administration. Dans ce second cas, la preuve est permise en vue de l'intérêt

(1) Voir Arrêts de la Cour de cassation du 13 mars 1897 et de la Cour d'Orléans. La Cour de Paris, dont l'arrêt était déféré à la Cour de cassation avait tenu un langage bien différent : « Attendu qu'il est permis de donner aux malades nécessiteux des *secours en nature* aussi bien qu'en argent et de les gratifier de médicaments, pourvu qu'ils soient régulièrement préparés et ordonnés. » Voir la Revue l'*Avocat du Clergé*, 1898, p. 17.

général. Un prêtre attaqué dans sa vie publique peut redouter le retentissement de toutes les affaires de Cour d'assises, le parti pris des journaux hostiles à l'Église, une façon perfide par le prévenu de présenter, pour sa défense, comme de graves manquements professionnels les actes les plus honorables accomplis par le prêtre diffamé. Malgré la condamnation prononcée, des doutes entretenus par la mauvaise foi de la presse peuvent subsister, contre le prêtre, dans l'esprit d'une foule de personnes.

La poursuite devant le tribunal correctionnel et l'interdiction de la preuve font disparaître en partie ces inconvénients.

Le droit pour le prêtre, attaqué à la fois dans sa vie publique et dans sa vie privée, de ne retenir que les faits de la seconde catégorie et de les poursuivre devant le tribunal correctionnel, isolément, a été reconnu formellement par un arrêt de cassation, du 7 janvier 1897 (1).

Addition à la page 238.

DIFFAMATION PAR IMPUTATIONS COLLECTIVES CONTRE DES PRÊTRES

Lorsque *plusieurs prêtres* ont été *attaqués par des imputations d'ensemble*, le diffamateur ne peut pas prétendre que les plaignants étaient inconnus de lui, qu'il n'en avait *désigné aucun par son nom*, qu'il avait *envisagé le clergé d'une région dans sa généralité* et qu'il n'avait atteint aucun de ses membres en particulier. Il suffit, pour avoir le droit de se plaindre, d'avoir été désigné d'une manière quelconque, pourvu qu'il n'y ait pas de doute sur la portée de la désignation, que les imputations aient été formulées *intentionnellement*, d'une manière générale et vague, de façon à viser une plura-

(1) Voir la Revue *l'Avocat du Clergé*, 1898, p. 19.

lité de personnes. Chacune de ces personnes atteinte par le soupçon qu'on laisse planer sur elle a droit et qualité pour demander la réparation du dommage qui lui a été causé (1).

Addition à la page 238.

DIFFAMATION DANS UNE CONVERSATION PARTICULIÈRE SUR LA VOIE PUBLIQUE

Un particulier, dans une *conversation particulière* tenue sur la *voie publique*, diffame grossièrement un ecclésiastique dans sa *vie privée*. Ce dernier peut-il soutenir que le propos tenu sur son compte est « un *discours proféré dans un lieu public* », fait prévu par l'art. 23 de la loi du 29 juillet 1881 sur la Presse, rentrant dans la compétence des tribunaux de police correctionnelle et passible d'un emprisonnement de 8 jours à un an et d'une amende de 100 à 3.000 fr. ou de l'une de ces deux peines seulement ? Une jurisprudence constante du tribunal de la Seine l'admet. Mais les autres tribunaux n'ont pas tous accepté cette théorie. On peut dire, en effet, que tenir une conversation sur la voie publique, ce n'est pas *proférer un discours*. Or, en matière pénale, une garantie fondamentale des droits essentiels des citoyens est que l'on doit proscrire absolument toute interprétation extensive des textes. Comme la diffamation n'en existe pas moins dans l'espèce, elle doit être punie. Si on ne peut appliquer l'art. 23 de la loi sur la Presse, on applique l'art. 471 § 11 du Code pénal qui punit d'une amende de 1 à 5 fr. ceux qui, sans y avoir été provoqués, ont proféré des injures contre quelqu'un.

En effet, la doctrine et la jurisprudence admettent unanimement que l'art. 471 § 11 du Code pénal qui réprime l'injure verbale s'applique à la *diffamation*

(1) Arrêt de la Cour de Paris du 23 mars 1897. Revue *l'Avocat du Clergé*, p. 21.

non publique. Celle-ci n'est qu'une injure avec circonstance aggravante. Il s'agit en ce cas d'une contravention de simple police passible des justices de paix (1).

Addition à la page 238.

FAUSSE DÉNONCIATION CONTRE UN PRÊTRE A SON ÉVÊQUE

L'article 373 du Code pénal punit d'un emprisonnement d'un mois à un an, et d'une amende de 100 à 3.000 francs, quiconque fait *par écrit* une dénonciation calomnieuse contre un ou plusieurs individus aux officiers de justice ou de police administrative ou judiciaire.

Pour tomber sous l'application de l'article 373, la dénonciation doit être *écrite*, mais elle peut être manuscrite ou *imprimée ;* elle peut se présenter sous forme de *mémoire*, de *pétition*, de *plainte*. Il a été jugé que la dénonciation calomnieuse existe, lorsque, par malveillance ou pour fausser le caractère moral du fait, le dénonciateur s'abstient de faire connaître les détails qui sont propres à lui restituer sa véritable physionomie et à le dépouiller du caractère de délit ou de faute disciplinaire dont il a l'apparence (2).

Il n'est pas nécessaire, pour que la dénonciation calomnieuse soit punissable, que les faits dénoncés constituent des crimes ou des délits ; il suffit qu'ils puissent *exposer à des peines disciplinaires* ou à la *réprimande* des supérieurs hiérarchiques, ou même au *mépris* des honnêtes gens (3).

Les juges saisis d'une plainte en dénonciation calomnieuse doivent *surseoir* à statuer, jusqu'à ce qu'il soit intervenu une décision de l'autorité compétente sur

(1) Jugement du tribunal de Charolles reproduit dans la Revue *l'Avocat du Clergé*, 1899, p. 214.
(2) Cassation, 3 janvier 1873.
(3) Cassation, 3 juillet 1829, 21 mai 1841, 1er mars 1860.

l'existence et le caractère des faits dénoncés. Il y a là ce qu'on appelle, en droit, une *question préjudicielle* au jugement.

Lorsqu'un individu dénonce faussement un prêtre à son évêque, peut-on considérer le prélat à qui la dénonciation a été adressée comme un de ces *officiers de police administrative ou judiciaire* dont parle l'art. 373 du Code pénal? Oui, a répondu la Cour de cassation, par un arrêt du 12 avril 1851. « Attendu, a dit la Cour suprême, que *la qualification d'officier de police administrative ou judiciaire ne doit pas être prise dans un sens restreint* ; qu'elle s'étend à tous ceux qui, dans les administrations publiques exercent, une autorité disciplinaire sur leurs subordonnés et peuvent être entraînés, par une dénonciation calomnieuse, à frapper injustement de suspension, de destitution ou de toute autre mesure répressive la personne dénoncée. » — « Attendu, a ajouté la Cour, que les évêques, considérés dans leurs rapports avec le Gouvernement, ont une véritable administration dont les droits et les devoirs sont réglés par le Concordat devenu loi de l'État; qu'à l'égard de leurs subordonnés ils exercent un pouvoir disciplinaire... »

Il en résulte que la dénonciation calomnieuse faite à un évêque contre un prêtre de son diocèse est passible des peines infligées par l'art. 373 du Code pénal (1).

(1) En ce sens, jugement du tribunal de Marmande, du 13 novembre 1896. Revue *l'Avocat du Clergé*, 1898, p. 94.

LIVRE TROISIÈME

CIRCONSCRIPTIONS ECCLÉSIASTIQUES ET LIEUX D'EXERCICE DU CULTE

Addition à la page 287

INALIÉNABILITÉ ET IMPRESCRIPTIBILITÉ DES ÉGLISES

Le principe de l'*imprescriptibilité* n'est pas contesté en ce qui concerne les murs, piliers, contreforts, et fondations des églises.

L'inaliénabilité et l'imprescriptibilité des édifices du culte les frappent, en effet, dans leur *ensemble* et dans leurs *parties* principales et accessoires.

Les *fondations* étant reconnues imprescriptibles, « le bénéfice de l'imprescriptibilité doit être étendu aussi bien au *sol qui les recouvre* qu'au *sol sur lequel elles sont assises*, aux termes de l'art. 552 du Code civil qui dispose que « la propriété du sol emporte la propriété du dessus et du dessous ». — Le terrain recouvrant les fondations doit donc en être considéré comme un accessoire, participant à ce titre au privilège de l'imprescriptibilité.

Ainsi, un particulier ne pourrait pas édifier des constructions, ou créer des ouvrages quelconques sur le *sol extérieur* de l'église, *au-dessous duquel se trouve la maçonnerie des fondations*.

En deuxième lieu, si les *terrains compris dans l'intervalle des contreforts* sont, en principe, aliénables et prescriptibles, ils sont *à l'abri de la prescription* dans toute leur étendue, même dans la partie où ils ne recouvrent pas les fondations, quand ils sont, dans leur entière largeur, *revêtus d'un dallage* aménagé de façon à recevoir les eaux pluviales tombant des gargouilles qui les surplombent. Ces terrains doivent être, dans ce cas, regardés comme des parties intégrantes du bâtiment lui-même, et, à ce titre, imprescriptibles comme lui.

Par suite, aucunes servitudes de vue, d'appui, ou d'écoulement des eaux ne peuvent être acquises contre l'église, de manière à grever soit les constructions, soit les terrains imprescriptibles.

L'imprescriptibilité s'applique aux *servitudes actives de l'église,* c'est-à-dire aux *droits qu'elle exerce par des ouvrages apparents,* comme un vitrage éclairant l'édifice, une fenêtre, des gargouilles, des gouttières faisant partie intégrante de l'édifice. *Il n'en est pas de même* en ce qui concerne les *servitudes* au profit de l'église, *qui ont une existence indépendante des bâtiments,* comme, par exemple, un *tour d'échelle,* ou droit de passage le long du bâtiment, et un *chemin de ronde.* Elles peuvent être prescrites par des particuliers. Ces servitudes ne constituent pas une partie intégrante de l'édifice, elles sont donc aliénables et prescriptibles.

L'intervalle qui doit rester libre, *au devant d'une fenêtre d'église* à l'encontre de laquelle on ne peut prescrire, est de un mètre 90 centimètres (1); mais si, devant cette fenêtre, se trouve extérieurement un terrain dépendant de l'église et qui, lui non plus, ne peut être l'objet d'une prescription, par exemple parce qu'il est revêtu d'un dallage servant à l'écoulement des eaux, ou parce qu'il recouvre les fondations, le vitrage qu'un particulier aurait ouvert dans un mur distant du terrain de moins d'un mètre 90 cent. doit être supprimé, par ap-

____

(1) Argument tiré de l'art. 678 du Code civil.

plication de l'art. 678 du Code civil, aux termes duquel « *on ne peut avoir des vues droites ou fenêtres d'aspect, ni balcon ou autres semblables saillies sur* l'*héritage clos ou non clos* de son voisin, s'il n'y a dix-neuf décimètres (six pieds) de distance entre le mur où on les pratique et le dit héritage. (1) »

Addition à la page 296.

REFUS DE VERSEMENT D'UNE SUBVENTION PROMISE PAR LA COMMUNE POUR TRAVAUX A L'ÉGLISE.

Lorsque le Conseil municipal a pris, soit envers la fabrique, soit envers le curé l'obligation de verser une subvention payable en une seule fois, ou par annuités, pour contribuer à des travaux de construction ou de restauration de l'église, *il ne peut pas refuser de tenir son engagement, sous prétexte que des modifications ont été apportées au projet primitif*, si elles ont été *ordonnées par l'architecte* qui les a reconnues nécessaires à la bonne exécution de l'ouvrage et s'il n'est établi à la charge de l'entrepreneur aucune faute ni malfaçon dans l'exécution des travaux qui ont été reçus par l'architecte après leur achèvement (2).

Addition à la page 301.

SUBSTITUTION D'UN PROJET DE RESTAURATION NON APPROUVÉ A UN PROJET APPROUVÉ; RESPONSABILITÉ DU CURÉ.

Quand un *projet* de restauration approuvé régulière-

(1) Les décisions qui précèdent figurent dans un arrêt de la cour de Caen du 28 décembre 1896. Revue *l'Avocat du Clergé*, 1898, p. 22. Contrairement à ce que nous avons dit dans le corps de l'ouvrage, p. 289, *l'arret admet l'imprescriptibilité du terrain situé entre les contreforts.*

(2) Arrêt du Conseil d'État du 7 août 1897, Revue *l'Avocat du clergé*, 1899, p. 170.

ment a été *remplacé par un autre beaucoup plus im-
portant* comprenant l'exécution de travaux supplémen-
taires considérables, les auteurs du nouveau projet, qui
en ont prescrit l'exécution, par exemple, le curé ou le
président du conseil de fabrique, *engagent leur responsabilité personnelle*, et sont tenus de garantir à
l'entrepreneur le paiement de solde du décompte (1).

Addition à la page 296.

PROPRIÉTÉ DES MATÉRIAUX ET DES OBJETS D'ORNEMENTATION D'UNE ÉGLISE RESTAURÉE OU DÉMOLIE.

Aux termes d'une lettre du ministre des cultes au ministre de l'intérieur, du 19 novembre 1853, les *matériaux et débris* provenant des réparations faites à une
église, qu'elle soit la propriété de la fabrique ou de la
commune, doivent être attribués, comme dédommage-
mentà, celui des deux établissements qui a fait la dépense
des réparations. Il doit en être de même des matériaux et
débris provenant de travaux aux presbytères (voir dans
le corps de l'ouvrage, p. 296, note 1).

Lorsqu'il s'agit, non pas de matériaux et débris à proprement parler, mais de boiseries ou de pierres travail-
lées qui ont été enlevées avec précaution et sont restées
intactes au point de conserver une certaine valeur comme
objets d'ornementation, la jurisprudence décide qu'il y
a lieu de s'en tenir aux principes généraux du Code civil
sur la propriété. Si les objets enlevés, par exemple des
colonnes et des balustres qui soutenaient un baldaquin,
étaient attachés à une église appartenant à une commune, on doit considérer qu'ils étaient placés à perpé-

____

(1) Arrêt du Conseil d'État du 6 mars 1896. Revue *l'Avocat du
Clergé*, 1898, p. 26.

tuelle demeure pour la décoration du sanctuaire et le service du culte et qu'étant, par suite, immeubles par destination (1), ils sont la propriété de la commune, comme l'église elle-même.

La fabrique qui a exécuté les travaux dans l'église ne pourrait donc pas soutenir qu'il s'agit de matériaux et débris qui devraient lui être accordés à titre de compensation équitable parce qu'elle a exécuté elle-même les travaux de réparations. Sa prétention, sur ce point, ne serait pas fondée (2).

Addition à la page 304.

SOUSCRIPTIONS POUR TRAVAUX DE CONSTRUCTION CONCERNANT LES ÉDIFICES DU CULTE OU POUR FOURNITURES D'OBJETS MOBILIERS AUX ÉGLISES (3).

Les dépenses pour les travaux de construction ou de reconstruction des édifices consacrés au culte, les fournitures des objets du culte et du mobilier des églises peuvent être garanties par l'engagement des fidèles de contribuer à ces dépenses pour une quote-part fixe ou proportionnelle.

La jurisprudence considère que les souscriptions ainsi consenties forment non pas une donation, mais une obligation contractuelle ordinaire. C'est un contrat entre la fabrique et les souscripteurs, *commutatif* de sa nature. Le contrat commutatif suppose qu'il existe un intérêt réciproque et que la chose donnée ou faite par l'une des parties est *l'équivalent* de ce que l'autre lui donne, ou fait pour elle (Code civ., art. 1104) (4).

(1) Art. 524 et 525 du Code civil.
(2) Arrêt de la Cour de Montpellier, du 22 mars 1898. Revue *l'Avocat du Clergé*, 1899, p. 112.
(3) Extrait de la Revue *l'Avocat du Clergé*, 1898, p. 129.
(4) Il a été jugé que la stipulation par laquelle une personne intervenant dans un marché de travaux fait entre un entrepreneur et une fabrique s'oblige envers cette fabrique, dans un intérêt de va-

Le contrat de souscription est *parfait* du jour où l'offre du souscripteur est acceptée.

Par suite, la rétractation signifiée par un souscripteur à la fabrique postérieurement à une délibération d'acceptation prise par le Conseil n'est pas admissible. *Il n'est, du reste, pas nécessaire que la fabrique* appelée à bénéficier de la souscription *notifie* au souscripteur *l'acceptation* de ses offres. Cette acceptation *peut* même ne pas être formulée en termes exprès, mais *être* simplement *tacite*.

Concluons de ce qui précède que lorsqu'une liste de souscription ouverte par une fabrique contient, à la fois, *l'engagement des souscripteurs* de payer les sommes souscrites, *l'inscription en toutes lettres* de ces sommes par les souscripteurs eux-mêmes, et les *signatures* de ces derniers, les souscriptions ainsi consenties conservent toute leur valeur, tant que la fabrique envers laquelle l'obligation a été prise n'a pas cessé de poursuivre l'exécution de ses propres engagements. Ce contrat existe dès l'instant de la signature, sans que les souscripteurs puissent prétendre, pour s'en dégager, que l'entreprise a subi des retards ou que les listes n'ont pas été approuvées par l'autorité préfectorale (1).

---

nité ou de caprice et en lui imposant des conditions onéreuses à payer tout ou partie des travaux, constitue non une donation, mais un contrat commutatif ; *la satisfaction* que cette personne retirera de l'exécution des travaux pouvant être regardée comme *l'équivalent de la somme par elle promise*. La stipulation est donc valable, bien que faite par acte sous seing privé. S'il s'agissait d'une véritable donation entre vifs, il faudrait appliquer l'art. 931 du Code civil qui exige à peine de nullité que les donations soient passées devant notaire et qu'il en reste minute.

On ne peut exiger que l'avantage devant résulter pour la fabrique de l'engagement *soit accepté dans la forme déterminée pour les dotations faites aux établissements publics*, puisque l'on se trouve en présence d'un véritable contrat commutatif. Ainsi jugé par la Cour de cassation le 14 avril 1863 en ce qui concerne un engagement pris par un M. Bardet envers M. Gousset-Cochois, fondeur de cloches chargé de restaurer l'ancienne sonnerie de l'église Saint-Martin de Clamecy.

(1) Décision du Conseil de préfecture du Tarn-et-Garonne, du 27 mars 1884.

Le souscripteur qui a promis de verser une somme déterminée pour la construction d'un édifice du culte peut être *tenu au-delà du montant de sa souscription*, si l'entrepreneur fournit la preuve que *le souscripteur a* personnellement *ordonné et fait exécuter divers travaux en dehors de ceux prévus et estimés dans le traité primitif* (1).

L'engagement peut n'être que *conditionnel*. Ainsi, lorsqu'un particulier a promis *par écrit* sa souscription à l'édification d'une église, et déclaré qu'il n'entendait la payer qu'à certaines conditions, relatives notamment au lieu d'emplacement de l'église, il n'est pas tenu d'acquitter le montant de sa souscription si ces conditions n'ont pas été remplies ; sa souscription n'a été, en effet, consentie que sous une condition résolutoire qui se trouve accomplie.

A qui doivent être versés les fonds provenant des souscriptions volontaires pour la construction ou la reconstruction d'une église appartenant à la commune, étant donné que la doctrine aujourd'hui dominante attribue à cette dernière la propriété des églises (2)? Une question identique se pose, du reste, en ce qui concerne les presbytères.

Le réponse a été donnée dans une lettre du 3o août 186o adressée par le ministre des cultes, M. Rouland, au préfet de la Haute-Marne. « Suivant la jurisprudence adoptée de concert par le ministre de l'intérieur et le département des cultes, et dont je me plais à reconnaître la modération et la sagesse, la direction des travaux à exécuter aux églises et aux presbytères appartient à *celui* des établissements *qui contribue pour la plus forte part à la dépense...* Seulement, le droit de direction ainsi dévolu à l'une des parties n'exclut point le droit corrélatif qui existe toujours pour l'autre partie, tant

____

(1) Cour de Lyon, du 25 mai 1887.
(2) Voir dans le corps de l'ouvrage, pp. 281 et suivantes.

d'examiner les plans et devis d'un projet d'utilité commune, que d'exercer sa surveillance sur les travaux.

« Il a été reconnu, en outre, comme conséquence de ces principes, que les *fonds* destinés à l'exécution des travaux doivent être *centralisés dans la caisse de l'établissement qui*, supportant la totalité ou la plus forte partie de la dépense, *aurait* par cela même *la direction des travaux*. Plusieurs décisions dans ce sens ont été analysées dans le *Bulletin officiel du Ministère de l'Intérieur*.

« Il résulte encore de ces mêmes principes que *l'adjudication des travaux doit être faite au nom de l'établissement appelé à les diriger*.

« L'application de ces solutions à l'espèce présente ne pourrait souffrir la moindre difficulté si les fonds destinés à la reconstruction du chœur de l'église de L. étaient fournis directement par la fabrique; mais la circonstance que *ces fonds proviendraient de la souscription...* ne me paraît pas de nature à modifier cette application. Je pense que, dans l'un ou l'autre cas, les fonds ainsi recueillis par la fabrique doivent être considérés comme des ressources propres à cet établissement.

« Les fabriques sont, en effet, des établissements reconnus capables de posséder et de recevoir des libéralités. *En déposant dans la caisse de la fabrique* de L., *ou en remettant au desservant de la succursale qui la représentait en pareil cas, le montant de leurs offrandes, les bienfaiteurs ont montré pour cet établissement une préférence qui doit être respectée.*

« Aux termes du § 4 de l'art. 37 du décret du 30 décembre 1809, la fabrique est d'ailleurs tenue de pourvoir aux réparations et reconstructions de l'église et du presbytère; ce n'est qu'en cas d'insuffisance de ses ressources que la commune doit y contribuer. La destination des souscriptions et offrandes dont il s'agit ne leur assigne donc pas nécessairement un caractère communal. On doit se conformer aux intentions des donateurs et laisser le produit de leurs libéralités dans la caisse de la fabrique où il a été déposé en exécution de leur volonté.

« D'après ces motifs, j'estime que la somme provenant, soit de souscriptions, soit de dons volontaires remis à la fabrique de L. pour la reconstruction du chœur de l'église doivent être *réputées fournies directement par cet établissement...* Les fonds dont la fabrique de L. dispose constituent donc une ressource essentiellement fabricienne. Il est nécessaire, dès lors, qu'il restent déposés dans la caisse de cet établissement, la direction des travaux projetés appartenant à la fabrique, et c'est en son nom qu'ils doivent être adjugés... »

Aux termes de plusieurs décisions ministérielles des 5 janvier, 26 mai, 7 et 23 juillet 1894, lorsque des *souscriptions* ont été *recueillies par un curé*, au nom et *comme mandataire de la fabrique*, pour la reconstruction de l'église, les sommes provenant de ces souscriptions appartiennent à la fabrique et doivent être ajoutées aux fonds qu'elle s'engage à fournir pour contribuer aux frais de construction ou de reconstruction. Si la part ainsi augmentée du produit des souscriptions que la fabrique prend à la dépense est plus forte que celle de la commune, la fabrique doit avoir la *direction des travaux, et tous les fonds* destinés à couvrir la dépense doivent être *versés et centralisés dans sa caisse.*

Une décision ministérielle du 12 janvier 1892 porte que si *une fabrique a recueilli des souscriptions* pour des achats destinés à une église et *si la commune a voté pour la même dépense un crédit supérieur* au montant des sommes ainsi offertes, cette dernière circonstance n'entraîne pas nécessairement pour le receveur municipal le droit d'exiger le versement dans sa caisse du montant des souscriptions. *Si les souscripteurs ont stipulé que les fonds donnés par eux ne seraient pas encaissés par le receveur municipal, le trésorier de la fabrique doit seul les percevoir*, alors surtout que c'est l'établissement religieux qui a traité en son nom avec le fournisseur ou entrepreneur.

Lorsque quelqu'un a pris l'engagement personnel de conduire à bonne fin, à ses risques et périls, la reconstruction complète d'une église, moyennant diverses subventions et que les obligations découlant de cet engagement constituent une offre de concours, elles ne sont pas éteintes de plein droit; elles passent à *ses héritiers qui sont tenus de l'exécuter* (1).

Étant donné qu'une souscription constitue, d'après la jurisprudence, un acte intéressé ou *contrat commutatif*, il n'y a pas lieu d'appliquer la règle aux termes de laquelle la donation entre vifs ne produit d'effet que du jour où elle a été acceptée en termes formels (2), et la règle spéciale aux établissements publics ou d'utilité publique d'après laquelle une autorisation préalable est nécessaire pour que l'acceptation puisse être faite régulièrement (3). Si donc *l'établissement* public intéressé, commune ou fabrique, *a accepté la souscription du vivant du souscripteur*, mais a cru devoir demander au gouvernement l'autorisation d'accepter, la circonstance que cette *autorisation* n'a été *délivrée qu'après la mort du souscripteur* n'empêche pas les héritiers d'être tenus aux lieu et place de leur auteur, par application du principe fondamental *qu'on est censé avoir stipulé pour soi et ses héritiers ou ayants*

(1) Arrêt du Conseil d'État du 17 décembre 1886.
(2) Code civ. art. 932.
(3) Code civ. art. 937.

cause, à moins que le contraire ne soit exprimé ou ne résulte de la convention (1).

La fabrique a-t-elle droit à des *dommages-intérêts en cas de retard dans le paiement des souscriptions ?* Le conseil de préfecture d'Agen a décidé, le 9 juillet 1879, que la fabrique n'a droit à des dommages-intérêts qu'autant qu'elle justifie d'un préjudice réel éprouvé par suite du retard apporté au paiement des annuités, après l'époque où la fabrique a été mise en demeure de faire exécuter les travaux.

Quel est le *tribunal compétent* pour interpréter le contrat de souscription relatif à *l'exécution de travaux* concernant une église ou un presbytère, et trancher les contestations relatives à son exécution et à ses effets ? La Cour de cassation s'est exprimée à ce sujet dans les termes suivants par un arrêt du 20 avril 1870.

« La Cour... Attendu que la souscription consentie par Jean-Baptiste Roblin pour la reconstruction de l'église de Chaillé-sous-les-Ormeaux, et son *acceptation* tant *par le conseil de fabrique que par le conseil municipal* de ladite commune, ont constitué un *contrat administratif* ayant pour objet *l'exécution d'un travail public*; qu'il n'appartient pas seulement à la juridiction administrative d'en donner l'interprétation, mais qu'elle est seule compétente pour statuer au fond sur les contestations relatives à son exécution et à ses effets; d'où il suit qu'en retenant la connaissance de la cause par le motif que la souscription Roblin, d'après les termes clairs dans lesquels elle est conçue, ne contiendrait qu'un engagement pur et simple ne pouvant donner lieu à aucune interprétation, la Cour de Poitiers a, par l'arrêt attaqué, expressément violé les articles ci-après visés... Casse. »

(1) Code civ., art. 1122.

La Cour de cassation a donné une solution identique, par un nouvel arrêt du 4 mars 1872. De son côté le Conseil d'Etat est d'accord avec la Cour suprême (1).

Le tribunal administratif compétent en pareil cas est le *conseil de préfecture*, conformément à l'art. 4 de la loi du 28 pluviôse an VIII (1).

S'il s'agissait de *souscriptions ayant pour objet*, non plus des travaux à exécuter, mais *des achats de choses mobilières* destinées à l'église ou au presbytère, les *tribunaux judiciaires* seraient seuls compétents par application des règles du droit commun en matière de contrats qui subsistent à défaut de disposition contraire expresse. En conséquence, l'affaire devrait être portée devant le juge de paix jusqu'à concurrence de 200 fr. et devant le tribunal de première instance, pour une souscription excédant cette somme.

LIVRE QUATRIÈME

LE PRESBYTÈRE

Addition à la page 364.

CONTESTATION SUR LA PROPRIÉTÉ D'UN PRESBYTÈRE
(COMPÉTENCE).

La distraction d'une partie de presbytère considérée par l'autorité civile comme superflue peut léser les intérêts de la cure ou de la fabrique. Le curé et le trésorier qui soutiennent que la commune n'a pas la propriété du presbytère, que les parties distraites ne sont pas superflues, qu'elles ne sont pas nécessaires au service public, etc., ont-ils la faculté de se pourvoir au *contentieux devant le Conseil d'État* pour faire rapporter le décret rendu en conformité de l'ordonnance du 3 mars 1825?

Le Conseil d'État répond négativement à cette question, lorsque les requérants ne relèvent aucun vice de forme contre le décret. Mais ce décret ne fait pas obstacle à ce que la fabrique et la cure, si elles s'y croient fondées, fassent valoir devant l'autorité compétente, c'est-à-dire devant le *tribunal de première instance*, les droits qu'elles prétendent à la propriété du presbytère et de ses dépendances (1).

(1) Voir en ce sens deux arrêts du Conseil d'État dans la Revue *l'Avocat du Clergé*, le premier, année 1898, p. 95, le second, année 1897, p. 219 (arrêt du 17 mars 1899).

Additions aux pages 382 et 384.

DROIT DU CURÉ SUR LE PRESBYTÈRE
(ACTIONS EN JUSTICE).

Le droit de jouissance *sui generis* reconnu aux curés
et desservants sur les presbytères qui appartiennent aux
communes, leur permet d'agir eux-mêmes en justice par
une action possessoire lorsqu'ils sont troublés dans leur
jouissance. Il en est ainsi toutes les fois que l'immeuble
communal a été régulièrement affecté au service
du presbytère tant que l'affectation subsiste , *sans
qu'il y ait à distinguer entre les immeubles qui ont
été rendus à leur destination primitive, par l'art. 72
de la loi du 18 germinal an X, et ceux que les communes ont acquis ultérieurement et qu'elles ont affectés au même service,* en exécution de l'art. 92 du décret
du 30 décembre 1809. En effet, l'article 1er de l'ordonnance du 3 mars 1825 attribue aux uns et aux autres
le *même caractère d'indisponibilité temporaire* au
regard des communes.

On ne pourrait repousser l'action en complainte possessoire du curé, par l'unique motif que, l'immeuble ayant
été *acquis à titre onéreux par la commune,* son
affectation comme presbytère ne différerait pas des *affec-
tations administratives ordinaires* qui, à raison de
leur *caractère de précarité, ne confèrent,* en général,
aucun droit aux bénéficiaires sur les choses qui en
font l'objet (1).

(1) Arrêt de la Cour de cassation du 17 février 1897. Revue
l'Avocat du Clergé, 1898, p. 28.

LIVRE CINQUIÈME

LES ÉTABLISSEMENTS PUBLICS ECCLÉSIASTIQUES

Addition à la page 460.

FABRIQUES (RÉVOCATION DES SERVITEURS DE L'ÉGLISE).

La nomination et la révocation des serviteurs de l'église : *sonneurs, bedeaux, suisses* ou autres, appartiennent, suivant les cas, aux marguilliers sur la proposition du curé, ou bien aux curés, desservants ou vicaires (voir dans le corps de l'ouvrage, pp. 460 et 461).

Quand les marguilliers et le curé usent de leur droit de révocation, ils font un acte administratif, car c'est à eux qu'il appartient d'apprécier si les serviteurs de l'église remplissent bien leurs fonctions ()1.

Par suite, si le serviteur révoqué prétend que cette mesure a été prise sans justes motifs et réclame des dommages et intérêts au tribunal civil, ce dernier ne peut connaître de l'affaire sans porter atteinte aux règles du droit public sur la séparation des pouvoirs administratif et judiciaire (2).

---

(1) Il n'y a pas, dans la nomination d'un serviteur de l'église, formation d'un contrat civil de louage dont la résiliation par la volonté d'un seul contractant peut donner lieu à des dommages et intérêts, conformément à l'art. 1780 du Code civil.

(2) En ce sens, jugement du tribunal d'Albi, rapporté dans la Revue *l'Avocat du Clergé*, 1899, p. 6.

Mais, du moins, le serviteur révoqué pourrait-il *se pourvoir* de la décision prise contre lui, *devant le ministre des cultes?* Nous ne le pensons pas. Les marguilliers et le curé ont reçu, sur ce point, de l'ordonnance de 1825 un véritable *pouvoir discrétionnaire*. Cette ordonnance ne prévoit pas la possibilité d'un appel au ministre. Celui-ci n'aurait donc pas qualité, soit pour annuler la révocation prononcée, soit pour allouer des dommages et intérêts à l'agent révoqué.

La seule voie de droit ouverte au serviteur de l'église dans la circonstance est un recours au Conseil d'État pour *détournement de pouvoir*. On désigne ainsi, dit M. Hauriou (*Précis de droit administratif*, p. 319), « le fait d'un agent de l'administration qui, tout en faisant un acte de sa compétence et en suivant les formes prescrites, use de son pouvoir discrétionnaire pour des cas et pour des motifs autres que ceux en vue desquels ce pouvoir lui a été attribué. C'est-à-dire qui, tout en restant fidèle à la lettre, sort de l'esprit de sa fonction». Le détournement de pouvoir est, aux termes d'une jurisprudence constante, un cas de recours au Conseil d'État, pour excès de pouvoir. A supposer que le demandeur réussisse en procédant par cette voie, il obtiendra le retrait de la révocation prononcée par les marguilliers ou le curé à son préjudice. Et alors il sera recevable à former, toujours devant le Conseil d'État, une nouvelle demande en dommages et intérêts. Car il est de règle que la décision annulant un acte administratif pour excès de pouvoir ne saurait statuer sur les conséquences de l'annulation. Les suites que peut comporter une telle mesure doivent faire l'objet d'une instance distincte et ultérieure.

Addition à la page 554.

FABRIQUES (AUTORISATION DE PLAIDER).

La demande en autorisation de plaider, faite par une fabrique, est examinée par le conseil de préfecture qui statue, sauf pourvoi devant le Conseil d'État. Nous avons soutenu que si le conseil de préfecture ne fait pas connaître sa décision dans le délai de deux mois, la fabrique doit être considérée comme autorisée à plaider. (Voir dans le corps de l'ouvrage, p. 554).

La Cour de cassation s'est prononcée sur cette question par un arrêt du 24 février 1897 (1). Elle a admis notre théorie en cassant un jugement du tribunal de Bourg :

« Attendu que l'art. 77 du décret du 30 décembre 1809 se borne à énoncer que les marguilliers ne pourront entreprendre aucun procès ni y défendre sans une autorisation du conseil de préfecture ; *qu'à moins d'exceptions exprimées par la loi, les formes et conditions dans lesquelles les communes reçoivent l'autorisation de plaider s'observent également en ce qui concerne les établissements publics soumis à la tutelle administrative ; — qu'il en est ainsi notamment pour les fabriques ;* — Attendu que, d'après l'art. 121 de la loi du 5 avril 1884, à défaut de décision par le conseil de préfecture dans le délai de deux mois, à compter de la demande en autorisation, la commune est autorisée à plaider ; — que cette règle est applicable aux *fabriques.* »

La généralité des termes de cet arrêt semble bien indiquer, contrairement à l'opinion généralement admise, que la Cour de cassation reconnaît la nécessité du dépôt d'un *mémoire préalable* au préfet, de la part d'une per-

(1) Revue *l'Avocat du Clergé,* 1898, p. 62.

sonne qui intente une action contre une fabrique. (Voir dans le corps de l'ouvrage, p. 556). Il y a là, en effet, une obligation de forme exigée des particuliers qui actionnent une commune, afin de donner à celle-ci le temps nécessaire pour obtenir l'autorisation de plaider. Cette règle devrait donc s'appliquer aux fabriques. La cour d'Agen s'est prononcée en sens contraire par un arrêt du 1er juin 1897. (Revue *l'Avocat du Clergé*, 1898, p. 61.)

Addition à la page 593.

FABRIQUES (CURÉ RÉGISSEUR DE RECETTES-QUÊTES POUR LA FABRIQUE FAITES PAR LE CURÉ OU LE VICAIRE).

Les contestations qui s'élèvent, à l'occasion d'un maniement de fonds fabriciens, entre le conseil de fabrique, ou le comptable, et le curé régisseur de recettes, ne ressortissent pas à la Cour des comptes (elles sont de la compétence des tribunaux judiciaires, civils ou criminels). — Les fonctions de régisseur de recettes peuvent être exercées par le curé, en vertu d'un mandat exprès ou tacite, notamment en vertu d'anciens usages (1). Les fonctions de régisseur de recettes peuvent être retirées au curé par le conseil de fabrique. — Lorsque le curé ou les vicaires par lui désignés sont autorisés par le conseil, tacitement ou expressément, à faire des quêtes et à en recevoir les fonds, si les procès-verbaux constatant les levées sont régulièrement signés par le président du bureau et le trésorier, le curé ne peut être considéré comme COMPTABLE OCCULTE et par suite, comme obligé de rendre compte devant la Cour des comptes, des opérations qu'il a effectuées.

Les règles qui précèdent ont été formulées par la Cour des comptes dans un arrêt du 16 juin 1897 (2).

(1) Voir dans le corps de l'ouvrage, p. 593.
(2) Revue *l'Avocat du Clergé,* 1898, p. 176.

Additions aux pages 620 et suivantes.

FABRIQUES (NOUVEAU DÉCRET SUR LA COMPTABILITÉ).

Un nouveau décret sur la comptabilité des fabriques, complétant celui du 27 mai 1893, est intervenu le 18 juin 1898.

Un premier objet de ce nouveau décret a été de donner une sanction à l'obligation pour les comptables fabriciens de présenter leurs comptes. Désormais, en dehors de l'*amende* à laquelle il est fait allusion dans les articles 17 et 26 du décret de 1893 (1), les trésoriers et receveurs spéciaux qui n'ont pas produit leurs comptes dans le délai d'un mois à partir de la notification du juge sont de plein droit *remplacés par le percepteur* des contributions directes. En outre la fabrique est obligée de subir l'administration de ce fonctionnaire pendant *deux années* consécutives, sans pouvoir faire choix d'un autre comptable. Cette aggravation du décret du 27 mars 1893 est certainement illégale. En effet, l'art. 78 de la loi du 26 janvier 1892 disposait que les comptes et budgets des fabriques seraient soumis à *toutes les règles de la comptabilité des autres établissements publics.* Le rôle du Gouvernement, en ce qui concerne le règlement à rendre, était ainsi limité par les termes formels de cet article. Nous avons vu, dans le corps de l'ouvrage (2), que le décret du 27 mars 1893 a outrepassé, sur plusieurs points, le mandat que la loi avait donné au Gouvernement. Or, ici, *l'excès de pouvoir* contenu dans le nouveau décret est manifeste : *aucune disposition du texte fondamental de la comptabilité des établissements publics, le décret du 31 mai 1862, ne retire à ces établissements, à titre de*

______

(1) Voir dans le corps de l'ouvrage, p. 593.
(2) Pages 564 et suivantes.

pénalité, le droit de choisir librement leurs comptables.

Un second objet du décret du 18 juin 1898 a été de *déterminer les personnes ayant qualité pour requérir l'inscription de l'hypothèque légale sur les biens des comptables fabriciens,* dans les cas où cette hypothèque doit être inscrite. (Voir le texte du décret sur ce point).

Des difficultés administratives s'étaient présentées au sujet de la notification des sentences prononcées contre les trésoriers retardataires. *Comment et par qui devaient être notifiées les sentences ?* Par un avis solennel du 4 novembre 1897, infirmant tous les procédés patronnés et employés jusqu'alors par les différentes branches de l'Administration, le Conseil d'Etat avait attribué aux *greffiers* seuls le droit de faire ces notifications. Le décret du 18 juin 1898 consacre ce système en déterminant les conditions de son fonctionnement.

Le décret décide ensuite que les décisions rendues sur les comptes des *percepteurs* sont transmises aux receveurs des finances par l'intermédiaire des trésoriers payeurs généraux.

Enfin, bien que le décret de 1893 rendît justiciables de la *Cour des comptes* les fabriques des églises métropolitaines et cathédrales, *quel que fût le montant de leurs revenus ordinaires,* on se demandait si la règle devait être la même quand l'église était à la fois métropolitaine ou cathédrale et *église paroissiale.* Le décret du 18 juin 1898 résout la question en faveur de la *Cour des comptes* (1).

Voici le texte du décret du 18 juin 1898 :

Art. 1er. — Les articles 7, 17, 26 et 27 du décret du 27 mars 1893 sont modifiés ainsi qu'il suit :

---

(1) Nous avions donné une solution différente dans le corps de l'ouvrage, p. 635.

Art. 7. — Les conseils de fabrique peuvent toujours décider que la gestion de leurs deniers qui se trouverait confiée à un percepteur sera remise à un receveur spécial. Ils peuvent de même décider que la gestion qui serait confiée à un receveur spécial ou à un percepteur sera remise au marguillier-trésorier. Les délibérations qu'ils peuvent prendre dans ces deux cas ne sont exécutoires qu'en fin d'année ou de gestion.

Les trésoriers et receveurs spéciaux qui seraient régulièrement constitués en déficit ou déclarés en état de faillite ou de liquidation judiciaire peuvent être relevés de leurs fonctions de comptables par le conseil de fabrique ou, à défaut, par le ministre des cultes. Ils peuvent l'être par le ministre des cultes pour l'une des causes ci-après : 1° condamnation à une peine afflictive et infamante ; 2° condamnation à une peine correctionnelle pour délits prévus par les articles 379 à 408 du code pénal ; 3° condamnation à une peine correctionnelle d'emprisonnement ; et 4°, s'il s'agit d'officiers publics ou ministériels, destitution par jugement ou révocation par mesure disciplinaire.

Si, en cas de condamnation à l'amende pour retard dans la présentation de leurs comptes, les trésoriers et receveurs spéciaux ne les ont pas produits dans le délai d'un mois à partir de la notification de la décision du juge des comptes, ils sont, de plein droit, relevés de leurs fonctions de comptables, à l'expiration de ce délai, et remplacés dans lesdites fonctions par le percepteur des contributions directes, auquel le service est remis de la manière prévue à l'article 9 (2).

(1) « Avant de procéder à ce remplacement, il conviendra de vérifier la nature de la décision du juge des comptes, afin de *reconnaître si la condamnation encourue par le retardataire résulte d'un arrêt définitif*.

« D'après la jurisprudence, les arrêtés prononçant une amende sont soumis à la règle que le *premier arrêté imposant une charge*

Par dérogation aux dispositions du premier paragraphe du présent article, le percepteur appelé dans ces circonstances à remplir les fonctions de comptable ne pourra en être déchargé par le conseil de fabrique avant le 1ᵉʳ janvier de la seconde année qui suivra celle au cours de laquelle le trésorier ou le receveur spécial devait présenter son compte (1).

on *faisant grief au justiciable* est toujours *provisoire* et que ses dispositions ne deviennent *définitives* qu'autant qu'elles ont été confirmées par un second arrêté intervenu *après débat contradictoire* ou, à défaut de ce débat, *après l'expiration d'un délai de deux mois* (Instr. gén. art. 1560 ; — Arrêt de la Cour des comptes du 21 déc. 1896, fabrique de l'église de Courpière). C'est donc la date de la notification de ce second arrêté qu'il y aura lieu de considérer pour calculer le délai d'un mois à l'expiration duquel le percepteur devra être chargé de la gestion financière de l'établissement ecclésiastique.

« Le *percepteur* appelé, dans ces circonstances, à tenir la comptabilité de la fabrique, du conseil presbytéral ou de la communauté israélite, *sera*, en général, *désigné par le préfet* pour remplir les fonctions de commis d'office à l'apurement de la gestion de son prédécesseur.

« Il aura droit, pour le travail de la confection des comptes, à une *indemnité* qui sera réglée, soit de gré à gré, soit, en cas de contestation, par un arrêt du préfet rendu sur la proposition du receveur des finances (Instr. gén. art. 1336).

« Un des premiers actes du percepteur sera de *poursuivre le recouvrement de l'amende* prononcée contre le comptable retardataire et de procéder, s'il est nécessaire, aux voies d'exécution prévues à l'article 1561 de l'Instruction générale. C'est également le percepteur qui aura mission, si l'hypothèque légale n'a pas encore été inscrite sur les biens du comptable auquel il succède, de *requérir l'inscription ordonnée par le juge des comptes.* Il fera *l'avance sur les fonds de l'établissement ecclésiastique des frais* auxquels donnera lieu cette inscription en attendant qu'il puisse en opérer le recouvrement sur le comptable débiteur. (Circulaire du 9 août 1898 explicative du décret du 18 juin précédent).

(1) Une conséquence naturelle de cette substitution du percepteur au trésorier ou receveur spécial est de résoudre la *difficulté à laquelle on se heurtait pour le recouvrement des* amendes prononcées contre les comptables en retard.

« En effet, ainsi que l'a fait remarquer le Conseil d'État, au cours de sa délibération, l'*amende* étant une *recette de la fabrique,* du conseil presbytéral ou de la communauté israélite, *le soin de la recouvrer incombe nécessairement au percepteur,* en vertu des articles des règlements du 27 mars 1893 qui portent que « le comptable est chargé, seul et sous sa responsabilité, de faire toutes dili-

Art. 17. — L'hypothèque légale n'est inscrite sur les biens des comptables de deniers des fabriques que si cette inscription est autorisée par une décision spéciale du juge de leurs comptes et seulement dans les cas de gestions occultes, condamnations à l'amende pour retards dans la présentation des comptes, malversations, débets avoués ou résultant du jugement des comptes.

Cette hypothèque est inscrite, conformément 'aux dispositions des articles 2121 et 2122 du Code civil sur tous les biens présents et à venir de ces comptables et sous réserve du droit du juge des comptes de prononcer sur les demandes en réduction ou translation formées par ses justiciables.

L'inscription est requise par les présidents des bureaux des marguilliers ou toutes autres personnes désignées par le juge des comptes. Elle peut également ment l'être par les receveurs des finances, quand les comptables des fabriques sont des percepteurs.

En outre, dans le cas où le percepteur des contributions directes est appelé à remplir les fonctions de comptable de fabrique, par application de l'article 7, il est chargé, sous sa responsabilité, si l'hypothèque légale n'a pas encore été inscrite sur les biens du comptable auquel il succède, d'en requérir l'inscription (1).

Art. 26. — Les comptes des comptables des fabriques sont jugés et apurés par les conseils de préfecture ou par la Cour des comptes, selon les distinctions applicables aux comptes des établissements de bienfaisance.

En cas de retard dans la présentation des comptes,

gences pour assurer la rentrée des sommes dues à l'établissement ecclésiastique. » (Circulaire du 23 juin 1898, explicative du décret du 18 juin 1898).

(1) Ces dispositions relatives aux personnes ayant qualité pour requérir l'inscription de l'hypothèque modifient ce que nous disions dans le corps de l'ouvrage, p. 589, et complètent les développements donnés p. 624.

il peut être pourvu à leur reddition par l'institution de commis d'office nommés par le préfet, mais seulement après que le retard a donné lieu à condamnation à l'amende par le juge des comptes.

Les arrêts de la Cour des comptes et les arrêtés des conseils de préfecture sont notifiés, tant aux comptables des fabriques qu'aux présidents des bureaux des marguilliers par le greffier en chef de la Cour des comptes et les secrétaires-greffiers des conseils de préfecture, au moyen de lettres recommandées, dont avis de réception est demandé à la poste (1).

Le greffier en chef de la Cour des comptes et les secrétaires-greffiers des conseils de préfecture constatent, par un procès-verbal clos à la fin de chaque trimestre, l'envoi des arrêts et arrêtés, la date de la notification de chaque arrêt ou arrêté et les numéros des bulletins de dépôt délivrés par la poste. Ce procès-verbal, auquel sont annexés lesdits bulletins et les avis de réception, est conservé au greffe de la Cour des comptes ou du conseil de préfecture.

Si, par suite d'absence ou pour toute autre cause, la lettre recommandée portant notification d'un arrêt ou d'un arrêté n'a pu être remise au destinataire, le greffier en chef de la Cour des comptes ou le secrétaire-greffier du conseil de préfecture adresse l'arrêt ou l'arrêté au préfet, pour que celui-ci le fasse notifier dans la forme administrative, sans préjudice du droit de toute partie intéressée de re-

---

(1) Les percepteurs recevront, en conséquence, de ces fonctionnaires, notification des décisions concernant les comptes de gestion : en outre, une copie ou un extrait des arrêtés intervenus sur ces mêmes comptes sera transmis aux receveurs des finances, par la voie hiérarchique. » (Circulaire du 9 août 1898, explicative du 18 juin précédent).

quérir expédition de l'arrêt ou de l'arrêté et de le signifier par huissier.

Le greffier en chef de la Cour des comptes et les secrétaires-greffiers des conseils de préfecture transmettent copie ou extrait des arrêtés intervenus sur les comptes des percepteurs-receveurs aux receveurs des finances, par l'intermédiaire des trésoriers-payeurs généraux.

Art. 27. — Les dispositions du présent décret sont applicables aux fabriques des églises métropolitaines et cathédrales.

Les comptes de ces fabriques sont jugés par la Cour des comptes, quel que soit le montant des revenus ordinaires.

Dans le cas où une église métropolitaine ou cathédrale a, en même temps, le caractère d'église paroissiale, les comptes à rendre par le comptable de fabrique paroissiale sont également soumis à la Cour des comptes, quel que soit le chiffre des revenus ordinaires de cette fabrique (1).

Additions à la page 621

FABRIQUES (CARACTÈRE PÉNAL DE L'AMENDE PRONONCÉE CONTRE LE COMPTABLE EN RETARD. — INTERDICTION DES AMENDES POUR RETARDS FUTURS)

Ainsi que nous l'avons vu à la page 621 de cet ouvrage, le décret du 27 mars 1893 admet le principe de

(1) Cette disposition mettra un terme aux difficultés qui s'étaient élevées par suite de la nécessité où se trouvait la Cour des comptes de se déclarer incompétente sur la partie des comptes de fabriques métropolitaines ou cathédrales concernant le service paroissial et de renvoyer ces comptes aux conseils de préfecture, en ne retenant que le service cathédral.

Dorénavant, la Cour des comptes sera compétente pour examiner l'ensemble des deux services. (Circulaire du 23 juin 1898, explicative du décret du 18 juin précédent).

la condamnation à l'amende contre les comptables Fabriciens en retard pour la production de leurs comptes. Nous avons contesté la légalité d'une pareille disposition, insérée dans un décret, en faisant observer que l'amende dont il est question ne constitue pas une mesure disciplinaire mais *une véritable peine* qui ne peut exister qu'en vertu d'un texte de la loi précis et formel.

Par un arrêt du 7 décembre 1897 (1), la Cour des comptes a admis que les amendes prononcées contre les comptables en retard, sont bien des peines à proprement parler, attendu...

« Que d'ailleurs le *caractère pénal de l'amende* a été expressément reconnu par le rapporteur de la commission de la Chambre des pairs chargée d'examiner le projet de loi qui est devenu la loi *municipale* du 18 juillet 1837.

« Qu'en effet, dans le rapport présenté à la Chambre des pairs le 27 mars 1837, le baron Mounier, rapporteur, s'exprimait dans les termes suivants au sujet de la disposition nouvelle adoptée par la Chambre des députés, et d'après laquelle les comptables municipaux pourraient être condamnés à une amende lorsqu'ils n'auraient pas produit leurs comptes dans les délais prescrits par les règlements d'administration publique :

« Ces règlements sont une injonction : *une sanction « pénale* doit être la garantie de l'obéissance.

« Le discernement des corps chargés de l'application « de ces peines saura, d'ailleurs, distinguer les circons- « tances où les mauvaises intentions, même la négli- « gence, doivent être punies, de celles où un comptable « se serait trouvé en retard pour des causes indépen- « dantes de sa volonté. »

____

(1) Revue *l'Avocat du Clergé*, 1899, p. 77.

De ce principe que l'amende est une peine, la Cour des comptes en a déduit cette conséquence que *les condamnations à l'amende pour retards futurs* sont illégales. Il était arrivé, en effet, que des conseils de préfecture avaient cru devoir condamner des comptables fabriciens à une amende de... pour chaque mois de retard, à partir de la notification de l'arrêté prononçant cette amende.

« Attendu, dit la Cour, qu'il serait contraire à tous les principes en matière de pénalités, qu'une peine pût être prononcée pour faits qui ne se seraient pas encore produits au moment du jugement :

« Que les faits acquis peuvent seuls permettre l'appréciation du degré de culpabilité qui est la base de toute condamnation régulière et qui doit d'autant moins faire défaut en la matière que l'article 159 de la loi *municipale* du 5 avril 1884, reproduisant textuellement la loi du 18 juillet 1837, accorde au juge les pouvoirs les plus étendus en ne l'obligeant pas à condamner tous les coupables retardataires et en lui donnant mission, s'il condamne, de fixer le point de départ et le taux de l'amende ; qu'il en résulte nécessairement pour le juge une obligation stricte de peser les circonstances dans lesquelles les retards se sont produits, obligation évidemment exclusive du droit de statuer pour l'avenir. »

Mais, la Cour des comptes n'a pas cru devoir admettre que le décret sur les fabriques de 1893 ait commis une illégalité en frappant d'une amende, c'est-à-dire *d'une peine*, les comptables fabriciens en retard dans la production de leurs comptes.

Les raisons données par la Cour en faveur de sa théorie sont les suivantes :

Le décret du 27 mars 1893, a été rendu en exécution *d'une loi*, celle du 26 janvier 1892 (art. 78), qui dispose qu'à partir du 1er janvier 1893 les comptes et budgets des fabriques et consistoires seront soumis à *toutes les règles* de la comptabilité *des autres établissements publics*. Or, ces règles se trouvent notamment dans la loi du 16 septembre 1807, relative à l'organisation de la Cour des comptes, et dans la loi municipale du 5 avril 1884, qui a remplacé la loi du 18 juillet 1837:

« Considérant, dit la Cour, que l'article 12 de la loi du 16 septembre 1807, *s'il ne détermine pas les pénalités à appliquer*, dispose expressément qu'au cas de défaut ou de retard des comptables *la Cour pourra les condamner aux amendes et aux peines prononcées par les lois et règlements;*

« Considérant que, d'autre part, l'article 66 de la loi du 18 juillet 1837 donne aux juges des comptes le droit de prononcer à la charge des comptables des communes, pour défaut de production de leurs comptes dans les délais prescrits, des *amendes* dont le maximum et le minimum sont fixés suivant la juridiction appelée à statuer (1);

« Considérant que l'article 159 de la loi du 5 avril 1884 a renouvelé ces dispositions;

« Considérant que l'article 12 de la loi du 7 avril 1851 a soumis la comptabilité des établissements de bienfaisance aux règles de la comptabilité des communes;

« Considérant que les comptables des fabriques sont assimilés aux comptables des établissements de bienfaisance, quant à la production et au jugement des comptes, par le décret du 27 mars 1893 en vertu de l'article 78 de la loi du 26 janvier 1892, suivant ce qui a été précédemment établi et qu'en conséquence le droit pour le juge des comptes de prononcer des amendes contre les trésoriers de fabriques pour défaut de production de leurs comptes ne saurait être contesté... (2) »

(1) Amende de 10 à 100 fr. pour chaque mois de retard, pour les receveurs et trésoriers justiciables des conseils de préfecture et de 50 à 500 fr. également par mois de retard, pour ceux qui sont justiciables de la Cour des comptes.

(2) Arrêté du 12 novembre 1897, Revue *l'Avocat du Clergé*, 1899, p. 70.

LIVRE SIXIÈME

LIBÉRALITÉS AUX ÉTABLISSEMENTS PUBLICS ECCLÉSIASTIQUES

Additions aux pages 696 et 708.

DISTRIBUTION PAR LE CURÉ D'UN LEGS FAIT AUX PAUVRES

Nous avons exposé la théorie de la *spécialité des établissements publics* (1).

Par application de ce principe poussé à l'extrême, le Conseil d'État prétend octroyer aux bureaux de bienfaisance la mission *exclusive* d'administrer les biens des pauvres et de *faire la répartition des secours*. Par suite, ce Conseil considère comme contraire aux lois la clause par laquelle un testateur dispose que la distribution des sommes qu'il lègue aux pauvres sera faite par un tiers, notamment par le curé de la paroisse.

En sens contraire, plusieurs cours d'appel avaient reconnu jusqu'à présent la légalité absolue de la clause de *distribution* par une personne ou un établissement autre que le bureau de bienfaisance. La raison donnée était que le concours des personnes désignées dans le testament pour la distribution des secours n'avait rien d'incompatible avec les attributions d'un bureau de bien_

_____

(1) Pages 696 et 708.

faisance, et partant n'avait rien de contraire à l'ordre public. Mais la Cour de cassation ne s'était pas encore prononcée sur la question. Elle l'a fait par un arrêt du 21 avril 1898, en consacrant pleinement la théorie des cours d'appel.

« Attendu que la testatrice a soumis ces legs à la double condition que les sommes données seraient immédiatement distribuées et que leur distribution aurait lieu par l'intermédiaire des curés d'Ainay et de Saint-Georges ; qu'enfin *cette condition a été la cause déterminante sans laquelle la libéralité n'aurait pas été faite* ;

« Attendu que la volonté de la testatrice étant ainsi constatée par une interprétation souveraine, il en résulte, en droit, que les personnes gratifiées sont incertaines, et que, dès lors, les legs qui les concernent seraient nuls, si ces legs n'étaient pas *censés faits au Bureau de bienfaisance* de Lyon qui, étant le *représentant légal des pauvres* de cette ville, a capacité pour demander au nom des bénéficiaires la délivrance des sommes à eux léguées, mais qu'il en résulte aussi que *le bureau,* s'il accepte, *doit se conformer au mode d'exécution que la testatrice a prescrit, à peine de nullité,* c'est-à-dire, distribuer immédiatement les fonds par l'intermédiaire des deux curés que le testament désigne ;

« Attendu *qu'aucun texte de loi ne prohibe cette distribution,* et que les abbés Delaroche et Bergeon, désignés pour la faire, puisent, dans le testament, le droit d'intervenir en justice et de demander qu'elle ait lieu suivant la volonté de la testatrice... »

LIVRE SEPTIÈME

INHUMATIONS ET POMPES FUNÈBRES

Addition à la page 769.

PROPRIÉTÉ DES ARBRES FRUITIERS PLANTÉS DANS LES
CIMETIÈRES.

L'art. 34 § 4 du décret du 30 décembre 1809 sur les
fabriques attribuait à ces dernières les *produits spontanés* des cimetières. La loi municipale du 5 avril 1884
leur retira ce droit, en classant sans distinction parmi
les recettes ordinaires des communes le produit des terrains communaux affectés aux inhumations (art. 133
§ 9).

Mais en dehors de ces produits spontanés, tels que
l'herbe des parties encore inoccupées, il peut arriver que
des *arbres à fruits* aient été plantés et que, en vertu
d'usages très anciens, la fabrique se comporte à leur
égard comme propriétaire, en les taillant et en vendant
leurs produits.

Les cimetières appartiennent aux communes ; et,
comme ils sont affectés au *service public* des inhumations, ils participent aux avantages de cette condition :
ils sont *inaliénables* et *imprescriptibles*, tant que dure
leur affectation et cinq ans après. La commune propriétaire du cimetière a-t-elle le droit de soutenir, à un
moment donné, que, par application du principe de

l'imprescriptibilité du cimetière, la fabrique ne peut avoir
sur les arbres fruitiers dont elle recueille les produits depuis un temps très reculé qu'une simple jouissance pré-
caire et de tolérance pouvant cesser *ad nutum?* La Cour
de cassation et les auteurs les plus autorisés admettent
que des plantations peuvent être l'objet d'une possession et d'une propriété distinctes de la possession et de
la propriété du sol sur lequel elles s'élèvent. Par conséquent, l'*imprescriptibilité du sol n'entraine aucune-
ment l'imprescriptibilité des arbres* (1). Si donc la
commune trouble la possession de la fabrique en empê-
chant celle-ci de continuer à recueillir les fruits des arbres plantés dans le cimetière, la fabrique peut intenter
contre la commune une action possessoire devant le
juge de paix, demander le maintien de sa possession et
faire condamner, à raison du trouble, la municipalité à
des dommages et intérêts.

Le cas s'est présenté en 1896 et a donné lieu à un jugement du juge de paix de Beaune reproduit dans la
Revue *l'Avocat du Clergé*, 1898, p. 234 (2).

(1) Cassation, 21 novembre 1877 et 8 novembre 1880: Aubry et
Rau, t. II, p. 187.

(2) Nous en extrayons l'attendu suivant: « Attendu que l'*imprescriptibilité du sol du cimetière* ne peut pas, comme on le soutient
au nom de la commune, entacher cette possession de précarité ;
qu'en effet il est incontestable, d'après une jurisprudence aujour-
d'hui certaine et affermie, que *des arbres peuvent être l'objet d'une
action possessoire indépendamment du sol sur lequel ils sont plantés*, de la part de celui qui ne prétend ni à la propriété, ni à la possession de ce sol, et que la présomption de propriété des plantations, résultant de l'article 553 du Code civil, en faveur du propriétaire du sol, s'efface devant la preuve d'une possession ayant toutes
les conditions légales voulues pour mener à la prescription; que la
conséquence forcée et juridique de ce principe est que les arbres
ainsi possédés, séparément du sol, ne participent en aucune manière
à l'imprescriptibilité dont ce sol peut être frappé; qu'il suit de là
que l'action possessoire de la fabrique ne saurait être repoussée
par le motif que le terrain sur lequel est planté le noyer qui donne
lieu au procès est imprescriptible comme dépendant du domaine
public municipal... »

Addition à la page 772.

TRANSLATION D'UN CIMETIÈRE, OBLIGATIONS DE LA COMMUNE.

Comme nous l'avons vu à la page 772, l'autorité administrative soutient que, dans le cas de *translation d'un cimetière*, elle ne doit supporter que les frais matériels, tels que creusement des fosses, transport des restes et des matériaux des tombes érigées sur les terrains abandonnés (1) ; elle n'aurait pas à procéder à la réédification des tombeaux ou à rembourser les frais de reconstruction des tombeaux dans le nouveau cimetière; elle n'aurait pas non plus à reconstruire les monuments tels qu'une chapelle destinée à recevoir les corps dans un caveau.

Cette théorie, avons-nous dit, n'est pas équitable ; elle n'est pas juridique. La commune est liée par le contrat de concession ; elle doit réparer entièrement le préjudice que la translation peut porter au droit du concessionnaire. En ce sens, nous avons cité un jugement du tribunal d'Agen, en date du 1er juillet 1870.

Malheureusement la jurisprudence la plus récente tend à accueillir les prétentions des communes. Le tribunal d'Hazebrouck, par jugement du 11 juin 1891, confirmé par la cour de Douai, le 8 mai 1892 ; le tribunal de Clermont-Ferrand, à la date du 13 mars 1895, et enfin le tribunal d'Orléans, à la date du 7 décembre 1898, ont décidé qu'en cas de translation de cimetière la commune n'est point obligée de faire réinstaller à ses frais, dans le nouveau cimetière, les caveaux, monuments ou tombeaux qui avaient été construits dans l'ancien (1).

(1) Voir ce jugement dans la Revue *l'Avocat du Clergé*, 1899, p. 165.

Addition à la page 796.

TRIBUNAUX COMPÉTENTS EN MATIÈRE DE SÉPULTURE.

Des difficultés assez nombreuses sont susceptibles de s'élever à propos des sépultures. Trois juridictions peuvent être, selon les cas, compétentes pour trancher ces contestations : le *Conseil d'État*, le *tribunal civil*, le *juge de paix*.

Tout ce qui concerne la *police* des sépultures est d'ordre administratif. La loi du 5 avril 1884 range expressément au nombre des matières sur lesquelles s'exerce le pouvoir réglementaire de l'autorité municipale : « le mode de transport des personnes décédées, les inhumations et exhumations, le maintien du bon ordre et de la décence dans les cimetières » (art. 97-4°). Si donc un particulier contestait la légalité d'un arrêté pris par le maire pour l'un ou l'autre des objets qui viennent d'être énumérés, il n'aurait d'autre ressource que le *recours au Conseil d'État* pour excès de pouvoir.

Mais toute différente serait l'hypothèse où le litige naîtrait à propos d'une *concession de terrain* dans un cimetière communal. Le *contrat* passé à ce sujet entre la municipalité et un particulier relève du *droit civil* et non du droit administratif ; par suite, les contestations qui s'y rattachent sont du *ressort des tribunaux judiciaires*. Le Conseil d'État a consacré implicitement cette solution, en se déclarant incompétent pour statuer sur un recours pour excès de pouvoir formé contre le refus, opposé par un maire, de laisser les demandeurs procéder à une inhumation dans un terrain qui leur avait été concédé. La juridiction compétente eût été le tribunal d'arrondissement, tribunal de droit commun en matière civile (1).

Lorsque des contestations s'élèvent sur les *conditions des funérailles*, la loi de 15 novembre 1887 (art. 4) attribue compétence au juge de paix du lieu du décès.

Addition à la page 796.

DROIT DE RÉGLER LA SÉPULTURE D'UN MINEUR.

Le droit de régler la sépulture d'un mineur appartient à ses père et mère, ou au survivant d'entre eux, à l'exclusion de tous autres parents (1).

En cas de conflit entre la volonté du père et celle de la mère, la volonté du père doit l'emporter, conformément aux principes du Code civil, en matière de puissance paternelle. Cette solution doit fléchir en cas de *divorce* ou de *séparation de corps, si la garde de l'enfant a été attribuée à la mère :* il est raisonnable, en pareille hypothèse, de reconnaître qualité à cette dernière pour régler les conditions de sépulture du défunt (2). Mais il en serait autrement, si le *décès* s'était *produit au cours d'une instance en divorce ou en séparation de corps :* la volonté du père devrait alors prévaloir, même à supposer que la garde de l'enfan ait été provisoirement confiée à la mère. Une ordon-

(1) Voir cet arrêt dans la Revue *l'Avocat du Clergé,* 1899, p. 242.

(2) On reconnaît ce droit à la mère par analogie de l'art. 152 du Code civil qui, dans le cas de dissentiment entre des parents divorcés ou séparés de corps, au sujet du consentement à donner au mariage de leur enfant, décide que le *consentement de celui des deux époux, au profit duquel le divorce ou la séparation de corps aura été prononcée* et auquel aura été confiée la garde de l'enfant, *suffira.* (Ordonnance du 3 juin 1899 du président du tribunal civil de la Seine, reproduite dans la Revue *l'Avocat du Clergé,* 1899, p. 240).

nance de référé rendue, à la date du 3 juin 1899, par le président du tribunal civil de la Seine s'est prononcée en ce sens, réformant une sentence contraire rendue en premier ressort par le juge de paix (1).

Addition à la page 798.

OBJETS AUXQUELS S'APPLIQUE LE MONOPOLE DES FABRIQUES.

Le monopole des pompes funèbres qui appartient aux fabriques comprend toutes les fournitures faites dans l'intérieur et à l'extérieur de l'église.

Un arrêt de la Cour d'appel de Rouen du 22 mars 1899 décide que ce monopole s'étend à la fourniture du *personnel* nécessaire au service des convois et au transport des cadavres (2).

Un jugement du tribunal d'Angoulême du 10 janvier 1899 a également reconnu l'existence de ce droit en ce qui concerne les *cercueils* (3).

Le monopole fabricien s'applique aux fournitures faites et aux transports effectués aussi bien dans le cas de réinhumation après *exhumation* que dans le cas de simple inhumation (4).

---

(1) Attendu que... *l'ordonnance de non-conciliation qui confie, au cours de l'instance en divorce ou en séparation de corps, la garde de l'enfant à la femme* n'a qu'un caractère essentiellement provisoire ; que, dictée le plus souvent par l'âge de l'enfant, sans que le président ait entendu même préjuger la valeur des griefs invoqués par l'époux demandeur, elle ne peut avoir pour effet de déposséder le père de son droit de puissance paternelle, qui, momentanément paralysée dans l'exercice d'un de ses attributs par intérêt pour l'enfant, doit reprendre toute sa force et toute son étendue lorsqu'il ne s'agit plus que de régler les conditions de sépulture de cet enfant... Revue *l'Avocat du Clergé*, 1899, p. 240.

(2) Revue, *l'Avocat du Clergé*, 1899, p. 158.

(3) *Ibid.*, 1899, p. 233.

(4) Arrêt de cassation du 11 novembre 1859 (voir p. 798, note 1) ; jugement du tribunal civil de Toulouse du 21 janvier 1897 (Revue)

Nous devons décider [de même que ce monopole s'étend aux fournitures nécessitées par les *services commémoratifs*, tels que *services du bout de l'an.*

Le tribunal de Versailles a cependant tranché cette question en sens contraire le 23 décembre 1897. Le *service commémoratif* présentait cette particularité qu'il avait été célébré dans une chapelle indépendante de la paroisse.

Le jugement décide qu'à défaut de convention contraire, intervenue entre les maires, les fabriques et les entreprises de pompes funèbres, la défense à toute autre personne que les fabriques des églises et consistoires de faire les fournitures nécessaires pour les enterrements, la décence et la pompe des funérailles, ne concerne pas les *cérémonies religieuses du bout de l'an*, alors surtout qu'elles sont célébrées dans une chapelle indépendante de la paroisse.

Cette décision ne nous semble pas fondée. D'abord, il n'y a pas à attacher d'importance à ce fait que la cérémonie a été célébrée dans une chapelle indépendante, puisque *le monopole s'applique*, comme il est dit plus haut, *à toutes les fournitures faites aussi bien à l'extérieur qu'à l'intérieur* de l'église, puisqu'il s'impose même aux libres penseurs, aux protestants et aux juifs dont les corps ne sont pas présentés à l'église catholique.

En second lieu, il n'est pas exact de soutenir que le monopole ne s'applique pas aux *services commémoratifs*. Ces services ne sont que la reproduction de la cérémonie des funérailles. Il s'agit bien réellement de *services pour les morts dans les églises*, en employant les termes mêmes du décret du 18 mai 1806 ; d'autant plus qu'au point de vue liturgique la cérémonie com-

---

l'Avocat du Clergé, 1898, p. 80), arrêt de la cour de Rouen du 22 mars 1899 (*Ibid.,* 1899, p. 159).

prend la même pompe que pour l'enterrement : catafalque, tentures et fournitures.

« Au surplus, comme on l'a fait observer (1), le tribunal de Versailles semble bien le reconnaître, puisqu'il admet qu'une *convention spéciale* pourrait faire rentrer les fournitures des services commémoratifs dans le monopole des pompes funèbres. Or, un monopole, quel qu'il soit, constitue une atteinte trop grave à la liberté du commerce et de l'industrie, pour qu'il puisse être constitué ou étendu par des conventions particulières. Par conséquent, si le décret du 23 prairial an XII ne s'applique pas aux services commémoratifs, *le maire ne saurait, même d'accord avec les fabriques* et les entrepreneurs de pompes funèbres, en monopoliser les fournitures. — Si au contraire, ainsi que le déclare le tribunal de Versailles, et que cela se pratique d'ailleurs à Paris, le monopole des pompes funèbres peut, par une *convention spéciale*, être étendu aux fournitures dont s'agit, alors *il les comprend de droit*, car les fabriques et consistoires ne peuvent disposer que de ce qui leur appartient. »

Addition à la page 800.

LA COMMUNE PEUT-ELLE EXERCER LE MONOPOLE DES POMPES FUNÈBRES POUR SE PAYER DES SOMMES QUE LUI DOIT LA FABRIQUE ?

Cette question n'est susceptible de soulever aucune difficulté, puisque *seules* les fabriques peuvent exercer le monopole. Nous trouvons en faveur de la négative un second argument dans le décret sur la comptabilité des fabriques du 27 mars 1893 (art. 22). Ce décret déclare

(1) M. A. Biré, dans le *Journal des Conseils de fabriques*, 1898, p. 2.

insaisissables les deniers des fabriques. Or, la rétention du monopole fabricien constituerait une vraie mainmise sur un des revenus les plus importants des fabriques, et irait directement contre les règles imposées aux créanciers fabriciens pour obtenir paiement de leurs créances.

C'est ce qu'a très judicieusement fait remarquer un jugement du tribunal de Périgueux du 18 juin 1898 (1).

Addition à la page 800.

EN CAS D'ABSTENTION DE LA FABRIQUE, LE MAIRE PEUT-IL CONFÉRER LE MONOPOLE A UN PARTICULIER ?

Les maires ont le droit de régler le mode le plus convenable de transport des corps, mais il leur est interdit, même en cas d'abstention de la fabrique de l'église, de recourir, pour assurer le transport *des personnes décédées* au cimetière, à des mesures incompatibles avec les principes qui régissent la liberté du travail et de l'industrie depuis la loi des 2 et 7 mars 1791.

Par suite l'arrêté pris par un maire pour investir une personne déterminée du droit exclusif d'assurer le transport des corps au cimetière et de percevoir à son seul profit certaines taxes graduées relatives à l'inhumation et à l'exhumation, est entaché d'excès de pouvoir comme constituant au profit de cette personne un monopole dont le législateur ne reconnaît l'existence qu'au regard des fabriques et des consistoires ou des personnes subrogées à leurs droits et qui, à défaut d'être exercé par les établissements publics, ne saurait être transporté à une personne déterminée. La Cour de cassation a rendu un nouvel arrêt dans ce sens le 16 novembre 1899 (2).

(1) Revue *l'Avocat du Clergé*, 1898, p. 192.
(2) *Gazette des Tribunaux*, nᵒˢ du 29 novembre 1899 et du 12 janvier 1900.

Addition à la page 80.

FAUT-IL QU'IL Y AIT UNE CÉRÉMONIE, POUR QUE LE MONOPOLE PUISSE S'EXERCER ?

Le monopole s'applique-t-il aussi aux *transports effectués, sans qu'il y ait une cérémonie, à proprement parler?* Il s'agit, par exemple, de transporter un corps par un fourgon d'une gare au cimetière où il doit être inhumé, ou de transporter le corps, de l'église où a eu lieu la cérémonie à une gare.

Par un jugement du 12 décembre 1895, le juge de paix du canton nord de Toulouse avait admis la négative. Mais ce jugement fut réformé par le tribunal civil de Toulouse, le 21 janvier 1897. Ce tribunal considéra que le matériel et les agents du transport rentraient précisément dans la catégorie des fournitures expressément réservées aux fabriques (1).

La doctrine du tribunal de Toulouse est évidemment exacte, le monopole s'applique sans distinction à toutes les fournitures destinées au service des morts, qu'il y ait ou non une cérémonie. Aussi, nous est-il impossible d'admettre la théorie du tribunal civil de Beauvais, qui, restreignant d'une façon tout à fait arbitraire le monopole fabricien ne l'applique qu'aux fournitures faites en vue de l'organisation d'un convoi funéraire (2).

---

(1) Revue *l'Avocat du Clergé*, 1898, p. 70.

(2) « Attendu que le transport des corps par fourgon ne peut être compris au nombre des fournitures quelconques destinées à l'organisation d'un convoi funéraire ; que ce transport du corps ne fait pas partie de la cérémonie d'un deuil, qu'il commence au contraire au moment où la cérémonie se termine, et que si dans cette cérémonie doit être comprise une fourniture pour transport du corps, elle doit s'entendre de celle du corbillard seulement. »

Jugement du 15 décembre.

Gazette du Palais, du 3 janvier 1900.

Addition à la page 801.

CATÉGORIES D'ENTERREMENTS AUXQUELLES S'APPLIQUE LE MONOPOLE FABRICIEN.

Le monopole fabricien a été créé pour des raisons de convenance, d'ordre et de salubrité publics. Il en résulte, dit un arrêt de la cour de Rouen (1), *qu'il ne doit pas être interprété restrictivement* comme le monopole d'une industrie privée. Un autre arrêt rendu par la cour d'Aix en 1874 (2) a admis la même théorie et décide que la régie des inhumations agissant comme administration publique doit effectuer tous les enterrements : enterrements civils, enterrements des morts-nés, des individus n'appartenant à aucun culte établi ou reconnu en France, des personnes auxquelles les cérémonies du culte sont refusées, etc.

Il est nécessaire, en effet, qu'il existe, en ce qui concerne les inhumations, exhumations et réinhumations, une organisation officielle soumise à des tarifs déterminés pour éviter des retards, des marchandages d'entrepreneurs, du refus de procéder à l'enterrement, la mauvaise tenue des agents chargés du transport, un matériel défectueux ou malpropre, etc. Les fabriques sont donc *obligées* de fournir le matériel pour les inhumations de toutes personnes, même des libres-penseurs ; mais d'un autre côté, aussi, elles peuvent *revendiquer* ce droit.

Contrairement à ces principes qui ne semblaient plus contestés, le président du tribunal de Boulogne-sur-Mer, par une ordonnance de référé du 28 janvier 1900, a décidé que le monopole fabricien constitue un privilège et qu'à ce titre les dispositions des décrets qui l'ont institué doivent être interprétées restrictivement. Par suite, le mo-

(1) 22 mars 1899, Dalloz, 1899, 2, 390.
(2) 18 août 1873, Dalloz, 1874, 5, 446.

nopole ne s'appliquait pas aux enterrements civils. Ce qui le prouve, dit l'ordonnance, c'est que le décret du 23 prairial an XII ayant soulevé des difficultés d'interprétation, un décret spécial du 10 février 1806 est intervenu pour les régler; il a déclaré le décret de prairial non applicable aux personnes qui professent en France la religion juive.

Nous répondrons à cet argument que tout ce qu'on peut induire du décret de 1806, c'est que le monopole des fabriques ne s'étend pas aux enterrements des israélites. Rien n'ayant été décidé à l'égard des autres catégories d'enterrements, le monopole des fabriques s'y applique pour les raisons d'ordre public que nous avons indiquées plus haut. Sans doute, d'après l'art. 97-4° de la loi du 5 avril 1884, les maires peuvent, à titre de mesure de police, régler le mode de transport des personnes décédées, mais cette disposition ayant été établie en vue du cas où la fabrique n'exerce pas son monopole, le règlement doit avoir un caractère général. Les maires ne pourraient prescrire aucun mode particulier de transport pour les enterrements civils, car le texte ajoute : « sans qu'il soit permis d'établir..... des *prescriptions particulières*, à raison des croyances ou du culte du défunt (1). »

Addition à la page 804.

CONCESSION PAR UNE FABRIQUE DE SON MONOPOLE, ABSENCE DES FORMALITÉS REQUISES.

La commune ne peut être substituée *gratuitement* par la fabrique dans la jouissance et l'exercice du monopole des pompes funèbres (2) ; mais la commune peut

---

(1) Voir la *Gazette des Tribunaux*, du 2 février 1900.

(2) Le monopole des fabriques est, en effet, créé à leur profit exclusif : Si elles ne l'exercent pas, par elles-mêmes ou par un concessionnaire payant, le principe de la liberté du commerce et de l'industrie reprend son application, sans réserve, sur ce point.

devenir, comme un particulier, concessionnaire, à titre onéreux et aux enchères publiques, du monopole fabricien, parce que la commune est un être juridique possédant un patrimoine, exerçant des droits et pouvant contracter des obligations.

Ajoutons qu'une convention entre la commune et la fabrique ne pourrait pas régulièrement, en principe, subroger, même moyennant une redevance, la première dans les droits de la seconde, lorsque les formalités du décret du 28 mai 1806 n'ont pas été remplies, c'est-à-dire quand l'affermage au profit de la commune n'a pas eu lieu par voie d'adjudication publique. Les formalités dont il s'agit ont été établies dans l'intérêt de la fabrique, comme une mesure de tutelle, afin que, par la concurrence, l'affermage puisse donner la somme la plus élevée possible. L'autorité supérieure a donc parfaitement le droit d'annuler une convention ainsi entachée d'irrégularité. Mais, si cette autorité approuve la convention, reconnaissant par là qu'elle ne lèse pas les intérêts fabriciens, les particuliers qui auraient eu l'intention de concourir à l'adjudication qui devait régulièrement avoir lieu n'ont pas le droit de demander en justice la nullité de la convention entre la commune et la fabrique, car la formalité de l'adjudication n'a nullement été établie dans leur intérêt (1).

Addition à la page 804.

CONCESSION DU MONOPOLE, DROITS DU CONCESSIONNAIRE

Lorsque les fabriques d'une ville ont, usant du droit qui leur est reconnu par l'article 22 du décret du 23 prairial an XII, *concédé* régulièrement à une société pri-

____

(1) Voir dans la Revue *l'Avocat du Clergé*, 1898 pp. 240 et 241 un jugement du juge de paix de Luzarches (Seine-et-Oise) du 18 juin 1897.

vée, le droit qui leur appartient, aux termes de cet article 22, relativement au transport des personnes décédées, le concessionnaire a, pour l'exercice du *privilège* qui lui est ainsi concédé, droit à la *même protection que celle que le décret de l'an XII accorde aux fabriques,* — et ce *privilège* peut trouver sa sanction spécialement dans l'exécution d'un *arrêté municipal pris pour assurer l'exercice de ce privilège.*

Ainsi jugé, par la Cour de cassation, le 23 décembre 1899 (1).

(1) *Gazette des Tribunaux* du 4 janvier 1900.

LIVRE HUITIÈME

L'ENSEIGNEMENT LIBRE

Addition aux pages 879 et 893

OPPOSITION TARDIVE A L'OUVERTURE D'UNE ÉCOLE PRIMAIRE, NULLITÉ ABSOLUE.

Si, aux termes de l'art. 39 de la loi du 30 octobre 1886, en aucun cas *une école ne peut être ouverte avant la décision du Conseil supérieur de l'instruction publique saisi comme juge d'appel* de la demande d'autorisation d'ouverture , cette prohibition n'existe qu'autant que l'instance devant le conseil supérieur est engagée à la suite d'une *opposition faite par le maire dans les huit jours* qui lui sont impartis par l'art. 37 de la loi susvisée ; et le juge correctionnel, saisi d'une poursuite en vertu de l'art. 40 pour ouverture irrégulière de l'école, a le droit de rechercher si le fait qui lui est dénoncé réunit les caractères de l'infraction punie par la loi, et par conséquent si l'opposition a été pratiquée dans les délais.

Spécialement, lorsque *le conseil départemental ayant donné main levée de l'opposition du maire* en constatant notamment *qu'elle n'avait pas eu lieu dans le délai de huit jours* prévu par la loi, *l'école a été immédiatement ouverte,* bien que le maire eût interjeté appel devant le Conseil supérieur de l'instruction publique de la décision du conseil, *le juge correctionnel saisi d'une poursuite pour ouverture irrégulière n'est pas tenu de surseoir à statuer jusqu'à ce que le Conseil supérieur ait prononcé sur cet appel*, alors qu'il constate que l'opposition était tardive. Il doit statuer et acquitter le directeur d'école poursuivi.

En effet, *l'opposition tardivement faite par le maire ou l'inspecteur d'académie, à l'ouverture d'une école, doit être considérée comme inexistante, et l'école peut être ouverte à l'expiration du mois,* conformément à l'art. 38 de la loi du 30 octobre 1886, *sans que cette ouverture tombe sous l'application de l'art. 40 de la loi précitée* (1).

Addition à la page 888.

LES MAIRES PEUVENT-ILS ÉDICTER UN RÈGLEMENT PERMANENT IMPOSANT DES PRESCRIPTIONS D'HYGIÈNE AUX DIRECTEURS DES ÉCOLES PRIVÉES?

Les maires n'ont plus le droit d'édicter un *règlement permanent* imposant des prescriptions d'hygiène ou

(1) «... Attendu qu'en fait l'opposition du maire s'est produite le 21 août, c'est-à-dire dix jours après la déclaration de l'installation reçue le 12 août à la mairie de Nazelles ; qu'elle est donc intervenue après le délai de huit jours fixé par la loi ;

«Attendu que le maire ainsi que l'inspecteur d'académie n'ont qu'une compétence temporaire et que, passé le délai qui leur est accordé, ils deviennent sans qualité pour former opposition ; qu'une opposition tardivement faite par eux est inexistante et que cette nullité absolue est reconnue par la jurisprudence du Conseil supérieur de l'instruction publique ;

« Attendu, d'autre part, que l'art. 38 de la loi du 30 octobre 1886 dispose qu'à défaut d'opposition l'école est ouverte à l'expiration du mois sans aucune formalité , que cette disposition resterait sans effet, s'il était loisible au maire, le mois expiré, de frapper d'interdit par une opposition tardive, l'école ouverte à l'expiration du mois, deux, trois mois, un an après son ouverture ; qu'il suit de là que la dame Hamel a pu, sans avoir égard à l'opposition viciée de nullité, ouvrir son école, le 26 septembre, qu'en le faisant

autres aux directeurs d'écoles privées. Sans doute, l'art. 97 de la loi municipale du 5 avril 1884 donne aux maires le droit de *prévenir* par des précautions convenables les maladies épidémiques ou contagieuses; mais si ce droit leur appartient, notamment en temps d'épidémies, s'ils peuvent enjoindre à un particulier de faire cesser certaines causes d'insalubrité, s'ils peuvent prononcer certaines interdictions, ils n'ont pas le droit d'imposer tout un ensemble de mesures et d'interdictions déterminées et spéciales, car ils empiéteraient ainsi sur les pouvoirs réglementaires attribués à d'autres autorités et porteraient atteinte arbitrairement aux droits que les particuliers tiennent de la loi.

C'est ce qu'a décidé le Conseil d'État par un arrêté du 5 mai 1899, prononçant l'annulation d'un règlement édicté par la municipalité d'Orléans à l'égard des directeurs et directrices des écoles publiques et privées de la ville (1).

Addition à la page 893.

MOMENT A PARTIR DUQUEL UN ARRÊTÉ PRÉFECTORAL ÉDICTANT UNE LAÏCISATION D'ÉCOLE EST EXÉCUTOIRE

Un arrêté préfectoral prescrivant une laïcisation d'école n'est exécutoire qu'après une notification écrite faite au directeur ou à la directrice de l'école laïcisée, d'avoir à quitter l'école à l'époque fixée. Par suite, le directeur ou la directrice qui, en l'absence de cette notification, demeurent en fonctions, malgré les tentatives faites par

elle a usé d un droit et n'a pas commis le délit prévu par l'art. 40 de la loi précitée;... »

Arrêt de la Cour d'appel d'Orléans, du 26 décembre 1899. *Gazette du Palais* des 7-8 janvier 1900.

(1) Voir cet arrêt, ainsi que le règlement, dans la Revue l'*Avocat du Clergé*, 1899, p. 192.

le maire ou l'inspecteur primaire, pour procéder à l'installation du nouveau titulaire, ne commettent aucun délit et ne peuvent pas être poursuivis en police correctionnelle pour tenue illégale d'école (1).

Addition à la page 895.

LAÏCISATION D'ÉCOLE. BIENS DONNÉS SOUS LA CONDITION D'ENTRETENIR UNE ÉCOLE CONGRÉGANISTE. — RÉVOCATION DE LA LIBÉRALITÉ.

Sous l'empire de la loi actuelle du 30 octobre 1886, qui ordonne la *laïcisation de l'enseignement primaire*, les communes ne peuvent en aucun cas admettre des instituteurs congréganistes dans les écoles publiques. Il suit de là que toute condition qui, dans l'avenir, subordonnerait à *l'entretien d'une école ayant un caractère confessionnel*, le bénéfice d'une *libéralité* faite *à une commune* serait certainement *illicite*.

Mais que décider à l'égard des biens donnés aux communes antérieurement à la loi de 1886, sous la *condition d'entretenir des écoles congréganistes?* Quels sont les droits du donateur ou de ses héritiers? A première vue, on pourrait les croire nuls, en présence de la règle générale formulée par l'art. 900 du Code civil : « Dans toute disposition entre vifs ou testamentaire, dit ce texte, les conditions impossibles, celles qui seront contraires aux lois ou aux mœurs seront réputées non écrites. » Ce qui revient à dire que l'on efface la condition et que la libéralité s'exécute comme si elle était pure et simple.

Toutefois un instant de réflexion suffit à reconnaître qu'en l'espèce la règle, d'ailleurs tout à fait exorbitante,

(1) Voir en ce sens dans la Revue *l'Avocat du clergé*, 1899, p. 87, un jugement de la 9° chambre du tribunal de la Seine, du 14 décembre 1898.

de l'art. 900, est inapplicable ; l'hypothèse d'une condition impossible ou illicite *au moment de la libéralité,* étant seule entrée dans les prévisions de cet article.

L'argument purement spécieux qu'on aurait pu en induire étant écarté, rien n'empêche le donateur ou ses représentants de se prévaloir du principe formulé par les art. 953 et 1046 du Code civil, selon lesquels les libéralités entre vifs ou testamentaires peuvent être révoquées pour cause d'inexécution des conditions sous lesquelles elles ont été faites. Les tribunaux, interprétant la volonté des parties, peuvent alors reconnaître que la donation n'eût pas été faite, si l'état de la législation avait été, dès cette époque, ce qu'il est devenu depuis, et, comme conséquence, ils peuvent admettre qu'elle se trouve affectée d'une *condition résolutoire tacite,* susceptible d'en entraîner la révocation, le cas échéant, sans qu'il y ait à rechercher si l'inexécution de la clause considérée comme essentielle est imputable ou non à la commune donataire. Tel est le système qu'a développé M. Planiol, professeur à la faculté de droit de Paris, dans deux notes insérées au recueil périodique de Dalloz (1). Il a été admis par de nombreux arrêts. Chaque fois que la question s'est présentée devant la justice, la révocation a été prononcée, lorsqu'il a été reconnu que l'engagement pris par la commune de faire donner l'enseignement par des congréganistes avait été « la cause déterminante et impulsive » de la libéralité. Telle est la formule qu'on retrouve comme stéréotypée dans presque toutes les décisions intervenues en cette matière (2).

Au surplus, le droit de révocation n'est guère contestable en présence des travaux préparatoires, et du texte

(1) 1891. 2. 113, et 1892. 2. 137.
(2) Toulouse, 16 juillet 1886 ; Sirey, 91. 2. 73; Paris, 3 juillet 1890 ; Sirey, 91. 2. 74 ; — Cass., 24 novembre 1890 ; Dall. 92. 1. 51 ; — Riom, 12 janvier 1891 ; Dall. 92. 2. 25 ; — Besançon, 15 juin 1892 ; — Dall. 92. 2. 382.

même de la loi de 1886. Dans la séance du 1er mars 1884, M. Jules Roche avait proposé à la Chambre des députés un amendement, aux termes duquel les libéralités faites antérieurement sous la condition d'entretenir des écoles congréganistes devaient rester acquises aux communes et cela sans qu'aucune indemnité fût accordée au donateur ou à ses ayants droit. Mais cet amendement, dont la consécration n'eût été que le vol sans phrase, fut repoussée par 375 voix contre 105 (1). Et après une discussion assez confuse, on vota un article 19, qui reconnaît aux donateurs ou à leurs représentants le droit d'agir en révocation, *mais en limitant ce droit à une durée de deux ans*. Voici cet article : « Toute action à raison des donations et legs faits aux communes antérieurement à la présente loi, à la charge d'établir des écoles ou salles d'asile dirigées par des congréganistes ou ayant un caractère confessionnel, sera déclarée non recevable si elle n'est pas intentée dans les deux ans qui suivront le jour où l'arrêté de laïcisation ou de suppression de l'école aura été insérée au *Journal officiel*. »

Que ce texte consacre en faveur des disposants ou de leurs héritiers le droit de se prévaloir d'une condition désormais illicite, pour rentrer en possession des biens donnés, c'est ce qui apparaît avec évidence, et on a peine à concevoir qu'un auteur ait pu contester ce point, en alléguant que l'article en question a été rédigé dans des termes généraux, de manière à englober toute action à raison des donations et legs (2). Car il est invraisemblable que la loi de 1886 ait entendu s'occuper des actions en révocation que le donateur pourrait avoir à faire valoir contre la commune pour des faits étrangers à la laïcisation, par exemple pour survenance d'enfant.

<hr>

(1) *Journ. offic.* 2 mars 1884,
(2) Huc, *Droit civil*, t. VI, n° 52.

Aussi bien, cette constatation a peu d'intérêt, en présence de la *jurisprudence unanime* que nous avons rapportée. Les décisions de justice se font de plus en plus rares, à mesure que l'époque des laïcisations en masse recule dans le passé, et étant donné que la loi de 1886 n'accorde aux intéressés pour agir qu'un délai de deux ans, à partir de l'arrêté préfectoral qui retire l'enseignement aux congréganistes. La Cour de Paris a pourtant statué encore sur ce point le 12 janvier 1899, par arrêt confirmant un jugement rendu par le tribunal civil de Bar-sur-Aube, à la date déjà un peu ancienne du 24 mai 1894. Ces décisions sont conformes aux précédents, et consacrent le droit des donateurs ou de leurs héritiers de rentrer en possession des biens (1).

Addition à la page 913.

RÉUNIONS ORGANISÉES PAR LES PATRONAGES

1° LE DROIT DES PAUVRES.

Le droit des pauvres est, en France, un impôt spécial prélevé en faveur des indigents sur le prix d'entrée dans les théâtres et autres spectacles publics. C'est, a dit M. Dupin, un impôt *sur le plaisir*, au profit de l'indigence.

L'origine de la législation actuelle remonte à l'an V. Lorsque le Directoire s'occupa d'organiser les bureaux de bienfaisance, il proposa au Conseil des Cinq-Cents de rétablir la taxe des pauvres abolie depuis 1791.

C'est ainsi que fut rédigée la loi du 7 frimaire an V, dont l'art. 1er est ainsi conçu : « Il sera perçu *un décime par franc* (deux sous par livre) *en sus* du prix de chaque billet d'entrée pendant six mois, dans tous les spec-

____

(1) Extrait de la Revue *l'Avocat du Clergé*, 1899, p. 194.

tacles où se donnent des *pièces de théâtre*, des *bals*, des *feux d'artifice*, des *concerts*, des *courses* et *exercices de chevaux* pour lesquels les spectateurs paient. La même perception aura lieu sur le prix des places louées pour un temps déterminé. »

Cette loi n'établissait la perception que pour une durée de 6 mois, mais des prorogations successives eurent lieu jusqu'au *décret du 9 décembre 1809 qui en établit définitivement la perception*. Art. 1ᵉʳ : « Les droits qui ont été perçus jusqu'à ce jour en faveur des pauvres ou des hospices, en sus de chaque billet d'entrée et d'abonnement dans les spectacles et sur la recette brute des bals, concerts, danses et fêtes *publiques*, continueront à être perçus indéfiniment » (etc.).

En 1817, on décida que la perception de cette taxe serait annuellement autorisée par la loi du budget, comme celle de toutes les autres contributions publiques. Depuis cette époque, elle figure au tableau des produits, droits et revenus dont la perception est autorisée au profit des communes ou des établissements publics. »

Conditions requises pour l'exercice du droit. — Les plaisirs publics sont les seuls qui soient soumis à la taxe du droit des pauvres. Cela résulte du décret de 1809 qui n'assujettit à l'impôt que les spectacles, bals, danses et fêtes *publiques*. Par conséquent, une fête ou représentation privée échappe à l'impôt. Mais, *comment distinguer une fête publique d'une fête privée ?* Il est bien difficile de formuler une règle sur ce point ; il s'agit d'une question de fait, laissée à l'appréciation des tribunaux. Le Conseil d'État, par un arrêt du 20 novembre 1885, déclara fondée la requête présentée par le bureau de bienfaisance de Saint-Servan pour obtenir de toucher le droit des pauvres sur le produit de la recette d'un concert auquel toute personne était admise, pourvu qu'elle eût en mains une carte, personnelle, il est vrai, mais qui était accordée à quiconque en offrait le prix demandé.

La question s'est posée à nouveau devant le Conseil d'État dans les circonstances de fait suivantes. Un arrêté du conseil de préfecture de la Vendée, en date du 14 avril 1894, avait condamné le *directeur d'un patronage* à payer au bureau de bienfaisance de la commune d'Olonne une somme de 23 fr. 75, représentant le quart de la recette perçue à l'occasion de deux soirées dramatiques et lyriques données au patronage.

Appel devant le Conseil d'État. Le demandeur soutenait à l'appui de ses conclusions, tendant à obtenir la décharge du droit des pauvres, que les représentations taxées n'avaient été ni publiques ni payantes. D'une part, en effet, elles avaient lieu dans un *local privé*, et seules les personnes munies d'*invitations nominatives* avaient été admises à y assister ; d'autre part, l'entrée était gratuite ; car on ne pouvait considérer comme équivalent à une véritable rétribution le versement d'une somme modique, moyennant laquelle les spectateurs avaient eu la faculté de retenir d'avance des places de choix.

Par arrêt du 17 février 1899, le Conseil d'État a repoussé les prétentions de l'appelant et confirmé la sentence du conseil de préfecture. Voici un extrait de cet arrêt :

« Considérant que, d'une part, les *cartes* d'invitation étaient *distribuées par les jeunes gens du patronage,* soit en ville, soit à l'entrée même de la salle, et que le *nom du titulaire n'était inscrit sur la carte qu'au moment même où elle lui était remise ;* que, d'autre part, les personnes munies de cartes avaient la *faculté de retenir des places réservées* moyennant un *versement de cinquante centimes* ou *d'un franc,* et qu'en fait un certain nombre ont usé de cette faculté ; que de ce qui précède il résulte que les deux représentations dont s'agit offraient bien le caractère de fête où l'on est admis en payant, au sens des dispositions susvisées; que, par suite, le bureau de bienfaisance était fondé à soutenir que le droit des pauvres devait être perçu sur la recette desdits concerts... (1) »

Quotité du droit. — La loi de frimaire an V appliquait, en ce qui concerne la quotité du droit, une règle identique à tous les lieux de plaisir où l'on était admis en payant.

Dans tous les cas, qu'il s'agît de théâtres, de bals, de concerts, de feux d'artifices, d'exercices de chevaux, le quantum de la taxe était de *un décime par franc,* en sus du prix de chaque billet d'entrée; par conséquent, du *onzième de la recette brute.* Tous les entrepreneurs de divertissements étaient placés sur un même pied d'égalité. Cette égalité n'était pas toujours juste. En effet, dans un théâtre, le prix à payer consiste uniquement dans la somme exigée à l'entrée. Dans les autres établissements, la plus forte partie de la recette est perçue à l'intérieur, grâce aux distractions variées, aux boissons de toutes sortes, qui produisent au profit de l'entrepreneur les bénéfices souvent les plus élevés de son exploitation.

Dans ces sortes d'établissements, la recette est donc composée de deux parties bien distinctes ; et, comme le contrôle de la seconde était impossible, le législateur, en vue de rétablir l'équilibre, a augmenté considérablement le droit perçu sur la première. C'est ainsi que la loi du 8 thermidor an V a porté au *quart de la recette brute* le montant du droit à l'entrée des bals, feux d'artifices, concerts, courses et exercices de chevaux et *autres fêtes* où l'on est admis en payant (2).

---

(1) Voir cet arrêt dans la Revue *l'Avocat du clergé,* 1899, p. 203.
(2) Depuis cette époque, la taxe n'a été modifiée que sur deux points. La loi du 16 juillet 1840 a abaissé d'un quart à un dixième

Mais quelle sera la quotité du droit dans les cas spéciaux qui ne rentrent ni dans l'une ni dans l'autre des deux catégories que nous venons d'indiquer, lorsqu'il s'agira, par exemple, de *fêtes données accidentellement par des œuvres qui ne constituent pas des entreprises théâtrales*, telles que les cercles et les patronages. *Le droit sera-t-il du onzième, ou du quart* de la recette brute?

Nous devons considérer les réponses à cette question comme renfermées implicitement dans l'article 1er de la loi du 8 thermidor an V qui porte la taxe au *quart* de la recette dans les bals (etc.) et *autres fêtes où l'on est admis en payant* (1).

En pratique, on a imaginé une distinction qui ne figure pas dans la loi. Tout spectacle non compris dans l'énumération des lois de frimaire et de thermidor an V, mais *donné quotidiennement*, est frappé de la taxe du onzième; au contraire les *fêtes offertes accidentelle-*

le droit à percevoir à l'entrée des concerts quotidiens ; la loi du 3 août 1875 a réduit la taxe, pour les auditions de musique non quotidiennes, au vingtième de la recette brute, pourvu qu'elles fussent données par des artistes ou associations d'artistes, sous leur propre direction.

(1) L'arrêt du Conseil d'État dont nous avons cité un extrait plus haut s'exprime ainsi sur ce point.

« En ce qui concerne la *quotité du droit :*

« Considérant qu'aux termes de l'article 2 de la loi du 8 thermidor an V il est prélevé, pour le droit des pauvres, un quart de la recette brute des concerts non quotidiens;

« Considérant que le taux de 10 0/0, établi par l'article 1er de ladite loi n'est pas applicable aux concerts non quotidiens, et que le taux de 5 0/0 établi par l'article 23 de la loi du 3 août 1875, n'est applicable qu'aux concerts donnés par des artistes; que, par suite, le requérant ne saurait, à raison des conditions dans lesquelles les représentations dont s'agit ont eu lieu, réclamer le bénéfice des tarifs réduits établis par les dispositions susvisées;

« En ce qui concerne le *montant de la recette :*

« Considérant que le requérant ne produit pas la preuve que le chiffre de 95 francs, auquel a été évaluée par le conseil de préfecture la recette brute produite par les deux représentations du 22 et du 29 janvier 1893 soit exagéré; que, dans ces conditions, la requête du sieur Dufontaine doit être rejetée. »

ment au public sont frappées de la *perception du quart* (1)

Poursuites. Tribunal compétent. — Un décret du 8 fructidor an XIII a assimilé le recouvrement du droit des pauvres à celui des contributions publiques. Ce recouvrement est donc poursuivi par voie de *contrainte*. Les contraintes sont décernées par la régie ou par le fermier et rendues exécutoires par le préfet ou le sous-préfet. En province les commissions administratives des établissements de bienfaisance prennent une délibération en forme de contrainte qui constitue un acte exécutoire, après avoir été revêtu de la sanction sous-préfectorale.

Les contestations qui surgissent au sujet de la perception de la taxe sont de la compétence du *conseil de préfecture* lorsque le différend porte sur *l'existence* de la dette ou sur la *quotité* des droits. C'est ce qui résulte implicitement de l'art. 2 du décret du 8 fructidor an XIII (2). Les tribunaux judiciaires (justice de paix, tribunaux de première instance, cours d'appel) sont, au contraire, compétents pour décider si les poursuites ont été régulièrement et valablement intentées, sans qu'ils puissent ordonner d'y surseoir, ce qui porterait atteinte au principe de la séparation des pouvoirs.

---

(1) Les *cérémonies religieuses*, même payantes, sont exemptes du droit. Ce n'était pas la doctrine du conseil de préfecture de la Seine, qui avait décidé le contraire, à l'occasion d'une messe en musique dite à Saint-Roch et pour laquelle le prix des places avait été considérablement augmenté. Le Conseil d'État annula l'arrêté du conseil de préfecture le 25 novembre 1896. « Considérant que, sous aucun prétexte, les cérémonies de la religion ne sauraient être assimilées aux spectacles, bals et fêtes publiques désignés dans les lois des 7 frimaire et 8 thermidor an VIII ; Considérant qu'il s'agit de la célébration en musique d'une messe pendant laquelle l'église Saint-Roch n'a pas cessé d'être ouverte gratuitement au public quoique le prix de certaines places ait été très augmenté. »

(2) Extrait de la Revue *l'Avocat du Clergé*, 1898, pp. 106 et suivantes.

Les décisions prises par le conseil de préfecture sont susceptibles d'un recours au Conseil d'État; mais ces décisions restent *provisoirement exécutoires.*

Les administrations hospitalières et les bureaux de bienfaisance ont un privilège pour la perception du droit des pauvres sur les *recettes des spectacles ;* mais ce privilège étant de droit étroit ne peut s'étendre sur le mobilier des redevables, ni sur les objets servant aux représentations (1).

2° LE DROIT DE REPRÉSENTATION DES ŒUVRES DRAMATIQUES.

Les œuvres dramatiques sont considérées par le législateur comme une propriété véritable, aussi sacrée, aussi légitime que toute autre propriété. La loi du 13 janvier 1791, fondamentale en cette matière , défend de représenter sur aucun théâtre *public,* dans toute l'étendue de la France, les ouvrages des auteurs vivants, sans le *consentement formel et par écrit de leurs auteurs* (1).

Tous les ouvrages susceptibles d'être représentés jouissent de la protection de la loi : les comédies, tragédies, drames, les œuvres à la fois littéraires et musicales comme les opéras, opéras-comiques, mélodrames, enfin les œuvres purement musicales.

Le droit de représentation appartient à l'auteur de l'ouvrage dramatique ; après son décès il passe à son conjoint et à ses héritiers. La loi du 14 juillet 1866 déclare, dans son article 1er, que *pendant une période de cinquante ans* à partir du décès de l'auteur, le conjoint survivant, quel que soit le régime matrimonial et indépendamment des droits qui peuvent résulter au pro-

(1) Art. 3.

fit de ce conjoint du régime de la communauté, a la jouissance des droits dont l'auteur prédécédé n'a pas disposé par acte entre vifs ou par testament. S'il existe des héritiers réservataires , c'est-à-dire que le défunt ne pouvait dépouiller (descendants et ascendants), l'usufruit du conjoint survivant est réduit à la quotité disponible (1).

Le droit de représentation conféré aux héritiers, s'il n'existe pas de conjoint survivant, est également enfermé dans une période uniforme, invariable, de cinquante ans après la mort de l'auteur (même loi de 1866).

Le droit exclusif de représentation est sanctionné par l'art. 428 du Code pénal qui crée le *délit de représentation illicite*. « Tout directeur, tout entrepreneur de spectacle, toute association d'artistes qui aura fait représenter sur son théâtre des ouvrages dramatiques au mépris des lois et règlements relatifs à la propriété des auteurs, sera puni d'une *amende de cinquante francs au moins*, de *cinq cents francs au plus* et de la *confiscation des recettes*. »

L'art. 428 exige que la représentation, pour être punissable, ait eu lieu sur un *théâtre*. La jurisprudence donne à cette disposition l'application la plus extensive. Elle considère toute communication orale au public comme une représentation, sans se préoccuper du lieu où la communication s'est produite ; du moment où ce lieu est *public*, il constitue un théâtre (2).

Le fait de représenter, non pas un ouvrage, mais de *simples fragments* d'un ouvrage, donne ouverture à

(1(La moitié si on laisse un enfant, le tiers si on en laisse deux, le quart si on en laisse trois ou un plus grand nombre, la moitié si, à défaut d'enfants ou descendants, on laisse des ascendants dans chaque ligne, les trois quarts si on ne laisse d ascendants que dans une ligne (art. 913 et 915 du C. civil).

(2) Il faut aller jusqu'à dire, avec la théorie de la jurisprudence, qu'il y a un délit dans l'exécution musicale faite, sans autorisation

l'application de l'article 428. Souvent, en effet, c'est une scène courte qui fait tout le mérite d'une pièce de théâtre et dans laquelle réside tout l'intérêt, toute l'action de la comédie et du drame. Il en est de même dans les ouvrages lyriques.

La *représentation d'imitations* d'une œuvre dramatique est *punissable* au même titre que la représentation de l'œuvre originale elle-même.

Pour être illicite, la représentation doit avoir été donnée publiquement. Cette condition résulte de la loi du 13 janvier 1791, qui n'interdit de jouer les ouvrages des auteurs vivants que sur les *théâtres publics.* La représentation dans une réunion privée et intime ne peut causer à l'auteur aucun préjudice sérieux; puis elle se passe dans un milieu où il ne lui est pas permis de pénétrer pour exercer sa surveillance.

Mais quand une *exécution* est-elle *privée ?* Lorsque la représentation a été donnée dans une *mairie,* dans un *hôtel,* dans un *cercle* ou le *local d'un patronage* et que *l'entrée, sans être ouverte au premier venu, l'a été largement à un grand nombre de personnes entre lesquelles n'existaient pas de relations particulières,* peut-on dire que, dans ce cas, la réunion était publique ou privée? Pendant longtemps la jurisprudence admettait que la représentation avait un caractère privé quand on n'avait laissé entrer dans la salle que des personnes invitées réellement à l'avance, sur présentation de cartes à elles adressées sans rétributions (1). Il n'en est plus de même actuellement. La Cour de cassation, par un arrêt du

de l'auteur, dans une église, En ce sens, Pouillet, *Traité de la propriété littéraire,* n° 816.
(1) Cassation, 22 janvier 1869; Dalloz, 1869. 1. 383.

28 janvier 1881 (1), a reconnu le caractère de *publicité*
à des représentations données par un cercle, en présence
d'invités munis de billets tout personnels.

Les *personnes punissables* sont, d'une part, les directeurs, entrepreneurs de spectacles, et les associations
d'artistes, d'autre part, *les personnes qui, même une
seule fois, par hasard, auraient organisé une exécution publique d'œuvres dramatiques et musicales.*

(1) « Attendu, dit cet arrêt, qu'il est reconnu par l'arrêt attaqué
que, le 25 octobre 1879, à St-Pierre-lès-Calais, le cercle de « l'Union
commerciale », société de secours mutuels fondée par les dessinateurs
et employés de commerce de cette ville, a fait exécuter dans la
salle de ses réunions diverses compositions musicales sans le consentement préalable des auteurs et malgré une protestation émanée
de la Société des auteurs, compositeurs et éditeurs de musique, qu'à
cette représentation assistaient, non seulement les sociétaires, mais
encore les membres de leurs familles et leurs patrons, nominativement invités par le bureau du cercle; — Attendu qu'en admettant
que le local d'un cercle autorisé, ou d'une société de secours mutuels
régulièrement approuvée, doive être considéré comme un lieu privé,
on ne saurait aller jusqu'à reconnaître, avec les juges du fait, qu'il
jouit du privilège attaché à l'intimité du domicile d'un particulier;
que, s'il est possible notamment d'atttribuer un caractère privé aux
concerts ou représentations théâtrales organisés par un cercle, dans
un but de distraction ou de bienfaisance, c'est à la condition que
ces fêtes littéraires ou musicales auront été offertes aux seuls sociétaires; qu'au contraire de telles représentations prennent un
caractère incontestable de publicité lorsqu'elles sont données en présence, non seulement des sociétaires, mais encore des personnes
qui, quoique nominativement invitées, ne font partie du cercle à
aucun titre et n'ont le plus souvent, soit entre elles, soit avec la
plupart des sociétaires, aucun lien de relation habituelle; que décider autrement, ce serait méconnaître l'esprit de la loi de 1791 et
abandonner la propriété littéraire ou artistique à la merci des nombreuses sociétés qui, sous le nom de cercles et de clubs, s'établis-
sent sur tous les points du territoire; — Attendu que, en conséquence, le bureau du cercle « l'Union commerciale », ayant admis
à la représentation du 25 octobre 1879, non seulement les membres
de la société, mais encore les familles et les patrons des sociétaires,
a donné une véritable représentation publique, rentrant dans les
termes des art. 3 de la loi des 13 et 19 janvier 1791 et 428 du Code
pénal... » (Dalloz, 1881. 329. Dans le même sens, voir un autre
arrêt du 1er avril 1882; Dalloz, 1882. 1. 325).

TABLE DES MATIÈRES

DU SUPPLÉMENT

LIVRE PREMIER

Rapports de l'Église et de l'État.

LIVRE DEUXIÈME

Les ministres du culte.

LIVRE TROISIÈME

Circonscriptions ecclésiastiques et lieux d'exercice du culte.

LIVRE QUATRIÈME

Le presbytère.

LIVRE CINQUIÈME

Les établissements publics ecclésiastiques.

LIVRE SIXIÈME

Libéralités aux établissements publics ecclésiastiques.

LIVRE SEPTIÈME

Inhumations et pompes funèbres.

LIVRE HUITIÈME

L'enseignement libre.

FIN DE LA TABLE DES MATIÈRES DU SUPPLÉMENT

BIBLIOTHEQUE NATIONALE DE FRANCE